Margarete Reichardt-Hitzler

Die Herkunft der Wörter
Eine Einführung in die Etymologie

Margarete Reichardt-Hitzler

Die Herkunft der Wörter

Eine Einführung in die Etymologie

Bibliografische Information der Deutschen Nationalbibliothek:
Die Deutsche Nationalbibliothek verzeichnet diese Publikation in
der Deutschen Nationalbibliografie; detaillierte bibliografische
Daten sind im Internet über http: // dnb.dnb.de abrufbar.

© 2018 Margarete Reichardt-Hitzler

Herstellung und Verlag:
BoD - Books on Demand, Norderstedt

ISBN 9783746025629

Inhalt

Vorwort

Schon früh interessierte ich mich für die Herkunft der Wörter. In der Schule war ich wie elektrisiert, wenn bei einem Wort von "romanischer Herkunft" oder "germanischen Ursprungs" die Rede war. Dies kam vor allem im Englisch-Unterricht vor, wenn eine neue Vokabel zu lernen war und Bezüge zu uns schon bekannten Wörtern im Französischen hergestellt wurden. Die Bezeichnungen *romanisch* oder *germanisch* riefen in mir die Vorstellung von einer fernen, vergangenen Zeit hervor, als die Völker Europas in abgeschlossenen, abgeschirmten Kulturräumen lebten und eigene, autochthone Sprachen mit jeweils besonderen Ideen und Werten, ja ihre eigenen Gedankenwelten entwickelten. Diese Vorstellung faszinierte mich. Ich wußte jedoch, wenn Lehrer von "romanisch" und "germanisch" sprachen, sie auf ihre Studienzeit an der Universität anspielten, auf ein Wissen, von dem in der Schule keine Rede sein konnte. Das was mich wirklich interessierte, begriff ich, würde ich in der Schule nicht lernen. Beide Sprachgruppen, die romanische und die germanische, hatten jedoch einen gemeinsamen Vorläufer, eine mythische Sprache eines sagenhaften Volkes, das sozusagen in einem goldenen Zeitalter lebte, ohne Kriege, wirtschaftliche Niedergänge und Naturkatastrophen, das keine Schrift brauchte, keine Aufzeichnungen und keine Geschichtsschreibung, weil es in einem ewigen Kreislauf von Aussaat, Wachstum und Ernte, von Geburt, Leben und Tod zeitlos auf der Erde weilte. Die Sprache dieses Volkes, von dem es keine Aufzeichnungen gibt, nannten die Sprachwissenschaftler des 19. Jahrhunderts "Indogermanisch", weil sie herausgefunden zu haben glaubten, daß von den germanischen im Westen bis zu den indischen Sprachen im Osten ähnliche Wörter für dieselben Begriffe existieren. Daß es das Indogermanische gegeben hat, dafür gibt es keine Beweise. Die indogermanischen Wörter, die in etymologischen Wörterbüchern als Ursprungswörter des Deutschen genannt werden, sind von den Sprachwissenschaftlern aus dem Vorkommen in heutigen Sprachen rekonstruiert und geschlossen worden. Das ist der aktuelle Stand der Sprachwissenschaft, die sich auf einer zugegebenermaßen kühnen Theorie, auf die Ideen, die sorgfältige Arbeit und den Fleiß von Wissenschaftlern vergangener Jahrhunderte gründet. Für mich jedoch sind die Ergebnisse und der heutige Stand der Sprachwissenschaft eine Enttäuschung, konnte ich doch beim Nachschlagen eines für mich seltsam klingenden Wortes eine plausible, nachvollziehbare Erklärung des Ursprungs und der wahren Bedeutung in etymologischen Werken nicht finden. Deshalb suchte ich einen anderen Ansatz. Wissenschaften unterteilen sich bekanntlich in Geisteswissenschaften und Naturwissenschaften. Naturwissenschaften spüren die Gesetze der Natur auf und gelangen auf diese Weise zu nachprüfbaren Erklärungen und reproduzierbaren Fällen. Naturwissenschaften auf mathematischer Grundlage nennt man exakte Wissenschaften. Jede Wissenschaft sollte eine exakte Wissenschaft sein, auch die Sprachwissenschaft und die Etymologie. Diesen Gedanken verfolge ich in diesem Buch. Ich stelle die Frage, ist die Sprache naturgesetzlichen Ursprungs und damit wie die biologisch/physikalische Fähigkeit des Sprechens von Anfang an vorhanden gewesen? Haben dieselben Wörter in den verschiedenen Sprachen unserer Erde dieselbe Bedeutung, gerade weil Laut und dazugehöriger geistiger Inhalt Bestandteil der Schöpfung sind? Diese Erklärung erscheint plausibler als die These einer gemeinsamen Ursprache, die man indogermanisch nennt, widerspricht ihr aber nicht. Denn wenn man von einer Naturgesetzlichkeit ausgeht, muß es eine naturgesetzliche Sprache, ich nenne sie "die Ursprache", gegeben haben. Die Problematik des Indogermanischen als anzunehmende Ursprache besteht darin, daß die Wissenschaftler diese Ursprache auf eine Weise rekonstruiert haben dürften, wie man etwa den kleinsten gemeinsamen Nenner sucht oder eine Schnittmenge bildet. Dies bedeutet, die Buchstaben, die dem Wort in allen untersuchten Sprachen gemeinsam sind, bilden das zu schließende indogermanische Urwort. Die indogermanischen Wörter sind somit rein hypothetisch und spekulativ. Die heutige Zeit verlangt nach neuen Ansätzen, ohne jedoch das Alte zu verwerfen. Es geht um einen naturwissenschaftlichen Ansatz, der jederzeit nachvollziehbar ist.

Das vorliegende Buch befaßt sich in diesem Sinne mit der Herkunft unserer Wörter. Mit Herkunft sind Ort und Zeit gemeint, aber auch die Entstehung, also die Art und Weise, wie die Wörter geschaffen wurden und sich entwickelten. Diese Fragen werden nachfolgend wissenschaftlich erörtert. Ich erläuterte kurz, was wissenschaftlich vorgehen bedeutet. Ein Wissenschaftler stellt eine Hypothese auf und untersucht nachfolgend diese Hypothese anhand von Fällen in der Praxis. Bestätigt sich hierbei diese These an einer Vielzahl von Fällen, so hat er eine Gesetzmäßigkeit gefunden. Diese Gesetzmäßigkeit macht aus einer Wissenschaft eine Naturwissenschaft oder sogar eine exakte Wissenschaft. Nach diesen Grundsätzen gehe ich in diesem Buch vor. Es ist streng logisch, wissenschaftlich und in allem nachvollziehbar. In den Kapiteln Nr. 1 bis 3 stelle ich die Hypothese vor und erläutere sie. In den folgenden Kapiteln untersuchen wir die Hypothese gemeinsam auf ihre Richtigkeit anhand von Wörtern der deutschen Sprache. Wir untersuchen deshalb gemeinsam, weil ich den Leser des besseren Verständnisses wegen daran teilnehmen lassen möchte, wie ich schrittweise die Wörter untersuchte und letztendlich zu den Erklärungen und Erkenntnissen dieses Buches gelangte. Es geht dabei um eine Methode zur Entschlüsselung der wahren Bedeutung der Wörter, mit der gleichzeitig die Frage ihrer Entstehung beantwortet werden soll. Es geht aber darüber hinaus um etwas Bedeutenderes. Nämlich um das Entstehen der Begriffe. Mit "Begriff" meine ich hier in diesem Buch speziell den hinter einem Wort stehenden geistigen Inhalt. Dieser Inhalt muß "begriffen" werden. Man muß ihn "greifen" und sozusagen anfassen können, will man das Wort in seinem Sinn und nicht nur akustisch verstehen. Dies ist bei Wörtern, die ein Ding oder eine Sache bezeichnen, einfach. Wollen wir die Bedeutung des Wortes vermitteln, zeigen wir auf den Gegenstand oder greifen ihn eben mit der Hand. Jeder weiß dann, daß dieser Gegenstand mit dem Wort gemeint ist. Aber wie ist es bei abstrakten Begriffen? Wie erkläre ich hier, was gemeint ist? Und wie schaffe ich abstrakte Begriffe? Wie kann ich etwas denken, wenn ich kein Wort habe? Das geht nicht. Die Entwicklung von Wort und damit verknüpftem Begriff muß also parallel verlaufen. In diesem Buch geht es deshalb nicht nur um Etymologie, sondern auch um die Entstehung des Denkens. Die untersuchten Fallbeispiele werden in einem alphabetischen Wörterverzeichnis dargestellt, das am Ende der Untersuchung die wichtigsten Wörter des deutschen Grundwortschatzes enthält.

Einleitung

Der Ursprung und die wahre Bedeutung der Wörter stellen eines der größten Rätsel in der Welt dar. Der Grund liegt darin, daß die Entstehungsgeschichte und das Leben von Wörtern weit, weit zurückreichen. Wie weit, das weiß niemand. Sicher weit, noch viel weiter als schriftliche Dokumente und Grabfunde reichen. Vielleicht reichen manche Wörter bis in die Anfänge der Menschheit vor vielen Jahrtausenden, ja womöglich bis in die Steinzeit, als der Neandertaler Mammute und Auerochsen jagte, also bis in eine Zeit von vor 130.000 Jahren. Wer immer sich für die Vorgeschichte der Menschheit interessiert, findet in den Wörtern und Sprachen die ältesten Überlieferungen. Die ältesten erhaltenen Schriftdokumente aus Papyrus sind etwa viertausend Jahre alt. Ältere Schriftzeugnisse oder Zeichen finden sich nur noch auf gebrannten Tontafeln, an Steinen und Felsen. Die Etymologie aber, die Lehre von der wirklichen Bedeutung der Wörter, kann uns alles erzählen. Die mündliche Überlieferung, die die Wörter sind, ist die gesprochene Überlieferung der Geschichte. Sie sagt uns alles, was wir über früher wissen wollen und in Erfahrung bringen können.

Die Aufgabe der Etymologie ist zu klären, was ein Wort wirklich bedeutet, also seine ursprüngliche Bedeutung oder seine Grundbedeutung herauszufinden. Ein Wort kann im Laufe seiner Geschichte seine Bedeutung ändern und etwas ganz anderes heißen als zuvor. Auf diese Weise geht aber der ursprünglich mit dem Wort verknüpfte geistige Inhalt und damit der Begriff verloren. Damit sind wesentliche Informationen, die das Wort vermittelt hat, in Vergessenheit geraten. Die Grundbedeutung eines Wortes und damit seine eigentliche Bedeutung kann man herausfinden, wenn man die Entstehungsgeschichte des Wortes aufklärt und den Ursprung des Wortes herausfindet.

Als Beispiel nenne ich das Wort "Paradies". Das Paradies - so wie es uns in heutiger Zeit überliefert ist - war der Ort, an dem Adam und Eva vor dem Sündenfall lebten. Es war ein großer Garten, in dem die schönsten Blumen und köstlichsten Früchte ganz von selbst ohne menschliches Zutun wuchsen. Adam und Eva mußten im Paradies noch nicht als Ackerbauern auf dem Feld arbeiten. Sie waren dort sehr glücklich und wahrscheinlich sogar unsterblich. Denn hätte es keinen Sündenfall gegeben, lebten sie - wie im Märchen - noch immer dort. Man weiß heute nicht mehr, wo das Paradies war. Wenn wir herausfinden, wie das Wort Paradies entstanden ist und was es wirklich bedeutet, kann uns dies möglicherweise einen Hinweis geben, wo dieser Ort sich befand oder sich sogar heute noch befindet. Würde sich dieser Hinweis ergeben, könnten wir vielleicht sogar dorthin gehen. Jedenfalls kann uns auf diese Weise eine in Vergessenheit geratene geschichtliche Begebenheit wieder zugänglich gemacht werden.

Kapitel 1

Methoden der Etymologie

Es gibt zwei verschiedene Methoden, den Ursprung eines Wortes herauszufinden.

1. Methode

Die erste Methode ist die Erklärung eines Wortes aus der vergleichenden Sprachwissenschaft. Man untersucht verschiedene Sprachen auf Ähnlichkeiten der Wörter. Wenn ein Wort bereits in einer sehr alten, heute nicht mehr gesprochenen (toten) Sprache existiert hat, hat man im Allgemeinen den Ursprung des Wortes und seine damalige Bedeutung. Denn in dieser alten Sprache, die heute nicht mehr gesprochen wird, ist das Wort sozusagen so konserviert worden, wie es damals hieß und in seiner damaligen Bedeutung.

Ich bringe als Beispiel das bereits erwähnte Wort "Paradies". Die etymologische Erklärung im Herkunftswörterbuch des Duden lautet:

Paradies: Der biblische Name für den Garten Eden, *mhd.* paradis(e), *ahd.* paradis (vgl. aus anderen europäischen Sprachen z. B *it.* paradiso, *span.* paraiso, *frz.* paradis), geht über *kirchenlat.* paradisus auf *griech.* parádeisos "Paradies", eigentlich "Tiergarten,

15

Park" zurück, das aus *mpers.* *pardez (= *awest.* pairi-daeza) "Einzäunung" stammt.

Awest. ist die Abkürzung von *awestisch*, eigentlich *avestisch*, einer altiranischen Sprache, die für die Zeit von 1200 bis 600 vor Christus nachgewiesen ist (Quelle Wikipedia). Awestisch ist demnach eine alte Sprache, die älteste, der man laut dem obigen Dudeneintrag das Wort Paradies zuordnen kann. Leider kann uns diese Erklärung im Duden über Paradies nichts Neues oder überhaupt Wesentliches sagen. Ein Paradies ist also eine Einzäunung?

2. Methode

Bei der zweiten Methode wird ein Wort aus sich selbst heraus erklärt. Hierbei lauscht man auf den Klang des Wortes und betrachtet die Silben und Buchstaben des Wortes gesondert. Man betrachtet also jede Silbe und jeden Buchstaben für sich und versucht so die Bedeutung herauszufinden. Möglicherweise wird uns dann aus dem Unterbewußtsein, aus dem Unbewußten die Bedeutung des Wortes zugeflüstert. Diese Methode ist zunächst eine Spielerei, die täglich in den Mußestunden betrieben werden kann. Man kann sie als sinnende Betrachtung ausüben, kann darüber meditieren, man kann sie als Rätselaufgabe betreiben, die uns überraschende Erkenntnisse bringt. Die Spielerei hört auf in dem Moment, wo uns das Wort Auskunft gibt über sich selbst, seinen Ursprung, seine wahre Bedeutung und uns Geheimnisse aus der Vorzeit übermittelt.

Nehmen wir als Beispiel das Wort "Ast". Wir sprechen das Wort aus und lauschen ihm nach: "Aa-s-t". Zusätzlich betrachten wir die Buchstaben. Das Wort Ast besitzt drei Buchstaben. Davon ist einer ein Vokal (Selbstlaut), nämlich das A. Zwei sind Konsonanten (Mitlaute), das S und das T. Das Besondere am Wort Ast ist, daß die beiden Konsonanten hintereinander stehen, anstatt das A einzufassen, zu umrahmen in der Form von "Sat" oder "Tas". Dies ist für die Entschlüsselung des Wortes bedeutsam und wird später noch genauer erklärt. Unser Unterbewußtsein vermittelt uns intuitiv die Bedeutung des Wortes: A-s-t. Wir hören zwischen s und t ein schwaches, stark verkürztes i, das beim Sprechen fast verschluckt wird. Dieses i schreiben wir zwischen s und t. Wir erhalten "a-sit(z)", auf schwäbisch "â-sitz", neuhochdeutsch "an-sitz". Im Herkunftswörterbuch des Duden lesen wir:

> **Ast:** Das *altgerm.* Wort *mhd., ahd.* ast, *got.* asts, *mniederl.* ast beruht mit verwandten Wörtern in anderen *idg.* Sprachen auf *idg*: *ozdo-s "Ast, Zweig", vgl. z.B. *griech.* ózos "Ast, Zweig" und *armen.* ost "Ast, Zweig". Das *idg.* Wort ist eine alte Zusammensetzung und bedeutet eigentlich "was (am Stamm) ansitzt" ...

Wir lesen hier, daß das Wort Ast aus einer älteren, heute nicht mehr gesprochenen Sprache stammt. Es stammt von dem indogermanischen "Ozdo-s" ab. Gleichzeitig aber läßt sich die Bedeutung und der Ursprung des Wortes aus dem heutigen Deutschen mit der zweiten Methode der Etymologie, der Erklärung aus dem Wort selbst, eindeutig herleiten. Dies führt uns zu folgender Frage: Ast ist aus den Wörtern "an" und "sitzen" gebildet. Es bedeutet "was am Stamm ansitzt". An und sitzen sind zwei Wörter aus dem heutigen Deutschen. Warum soll das Wort Ast dann indogermanischen Ursprungs sein?

Kapitel 2

♦

Wie entsteht Sprache?

Die Buchstaben

Kompliziertere Laute, wie es die Wörter sind, werden aus einzelnen Lauten des Alphabets zusammengesetzt. Das Alphabet besteht aus einer Hintereinanderreihung (Aufzählung) von Lauten. Diese Laute werden im Alphabet als Zeichen dargestellt. Diese Zeichen nennt man heute noch Buchstaben, weil sie früher hauptsächlich in die Rinde von Buchen geschnitzt wurden. Das heutige lateinische Alphabet hat 26 Zeichen. Wie bereits im vorigen Kapitel bei der Erklärung des Wortes Ast erwähnt, gibt es im Alphabet Selbstlaute und Mitlaute. Ich erkläre diese beiden Bezeichnungen kurz: Der Selbstlaut tönt allein (selbst). Es handelt sich hierbei um A, E, I, O und U. Der Mitlaut tönt nur zusammen mit einem Selbstlaut oder Vokal. Bei den Mitlauten ist zuerst das B zu nennen. Der Konsonant B wird im Alphabet zusammen mit dem Vokal E gesprochen, also Be. C wird Tse gesprochen, D als De, F als Ef und andere mehr.

Das moderne lateinische Alphabet entbehrt gegenüber der frühen Zeichenschrift zwei Merkmale: Das Ideogramm und den Begriff. Das Ideogramm ist ein stilisiertes Bild und kann aus dem Zeichen des Buchstabens entnommen werden. Der Buchstabe stellt also bildhaft etwas dar, was mit seiner Bedeutung zu tun hat. Der zu dem Buchstaben gehörende Begriff vermittelt eine Idee oder Vorstellung, die dem stilisierten Bild in etwa entspricht. Um ein Wort aus den Buchstaben des lateinischen Alphabets zu schaffen, haben wir die Möglichkeit, willkürlich aus den die Laute darstellenden Buchstaben ein Wort zu bilden. Wenn hingegen Buchstaben neben dem Zeichen und dem Laut eine begriffliche Bedeutung haben, muß man bei der Wortbildung die begriffliche Bedeutung der Zeichen mit berücksichtigen. Bei der Ausübung der etymologischen Wissenschaft müssen wir beachten, daß das lateinische Alphabet ein modernes Alphabet ist, die Wörter, die wir untersuchen, unter Umständen aber schon uralt sind. Da die frühen Buchstaben, aus denen diese alten Wörter gebildet wurden, eine begriffliche Bedeutung gehabt haben, müssen wir uns beim Ausüben der etymologischen Wissenschaft also zunächst mit dieser begrifflichen Bedeutung der frühen Buchstaben befassen.

Mythologischer Exkurs über die Runen

Wir machen einen mythologischen Exkurs in die vorgeschichtliche Zeit Germaniens und befassen uns mit den Runen. Runen sind frühe Buchstaben, die von den Germanen für verschiedene Zwecke, für Mitteilungen, Widmungen, aber auch zur Magie, für Zauber und Weissagung benutzt wurden. Runen wurden am Anfang in Rinde geschnitzt oder auf Steine geritzt. Deshalb sind Runen eckig, während es im heutigen Alphabet auch runde Zeichen gibt. Die Runen sind ein Beispiel für ein frühes Alphabet. Jede Rune besteht aus einem Zeichen, einem Ideogramm, einem Lautwert und einem Begriff. Alle vier, das Zeichen, das Ideogramm, der Lautwert und der Begriff entsprechen sich in ihrer Bedeutung. Rune kommt von Raunen. Die Runen wurde nach der Überlieferung von dem germanischen Gott Wotan (Odin) gefunden.

Wir lesen den in der isländischen Edda überlieferten Runenbericht Odins[1]:

"Wohl weiß ich,
daß ich am Windbaum hing
neun ganze Nächte,
speerverwundet,
dem Odin geopfert,
ich selber mir selbst -
an jenem Holz,
von dem niemand weiß,
aus welchen Wurzeln es aufwächst.

Sie reichten mir
weder Brot noch ein Trinkhorn;
da spähte ich nieder
erraffte die Runen,
schreiend erraffte ich sie
und fiel dann vom Holze ab."

Um Näheres über die Entstehung oder das Auffinden der Runen herauszufinden, schauen wir uns die vorliegende Edda-Strophe genauer an. Den Lautwert der Runen erfaßte Odin, indem er schrie. Vermutlich hing er an einem Bein kopfüber vom Baum und litt schreckliche Qualen. Er schrie vor Schmerz, er seufzte oder stöhnte. Er stieß Laute aus, hörte den Klang, begriff im selben Moment, wie der Klang erzeugt wurde, erkannte dabei das dazugehörige Zeichen, die Bedeutung des Zeichens als stilisiertes Abbild und wurde sich gleichzeitig über die begriffliche Bedeutung der Rune klar. Wie oben erwähnt, hat eine Rune nicht nur

---

[1]"Die Edda, Götter- und Heldenlieder der Germanen", "Odins Runenbericht" Manesse, Zürich

drei, sondern genau genommen vier Merkmale: Zeichen, Ideogramm, Laut und begriffliche Bedeutung.

Nachdem Odin die Runen vollständig gefunden hatte, gab er sie den Menschen. Mit den Runen gab er ihnen das Sprachvermögen und vor allem die Möglichkeit zu denken. Man kann sagen, er gab den Menschen Geist und Verstand. Diese Begebenheit ist in der Völuspa überliefert[2]:

"Bis ihrer dreie
vom Stamm der Asen,
liebreich-mächtige,
kamen zum Meere:
fanden am Strande,
ganz entkräftet,
Ask und Embla,
ohne Schicksal.

Hatten weder
Geist noch Leben,
nicht Wärme noch Stimme
noch frohe Farbe;
Leben gab Odin,
Geist gab Hönir,
Wärme gab Lodur
und frohe Farbe."

Odin, Hönir und Lodur sind drei verschiedene personelle Aspekte derselben Gottheit Wotan/Odin.

---

[2] "Die Edda, Götter- und Heldenlieder der Germanen", "Die Weissagung der Se1herin", Manesse, Zürich

Wir sehen uns nun nachfolgend die Runen an. Bei dem vorgestellten Runenalphabet handelt es sich um das ältere Futhark. Dieses Runenalphabet ist seit den Achtzigerjahren des vergangenen Jahrhunderts in Island wieder in Gebrauch und gründet sich auf älteren Vorlagen. Es heißt Futhark nach den ersten sechs Runen, wie ja auch das lateinische Alphabet nach den ersten beiden Buchstaben Alpha und Beta benannt ist. Das ältere Futhark hat 24 Zeichen:

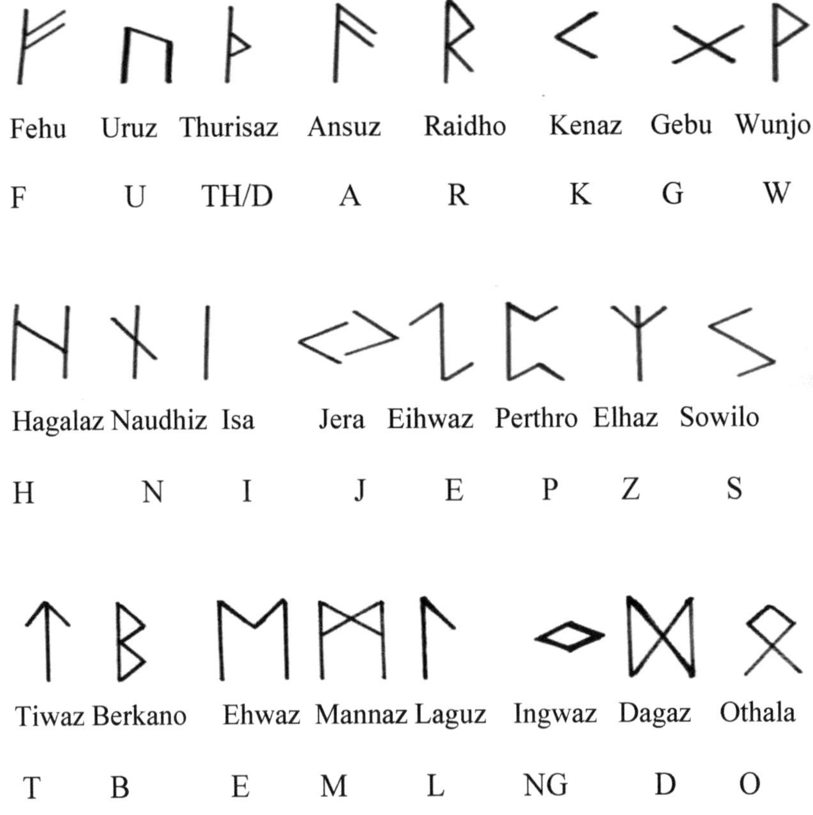

Ich habe unter die Runenreihen jeweils den entsprechenden lateinischen Großbuchstaben geschrieben, um die Entsprechung und den Laut deutlich zu machen. Manche Runen unterscheiden sich deutlich von der lateinischen Schreibweise der Buchstaben, dazu scheinen einige Laute bei den Runen mehrfach vorhanden zu sein. Der Grund hierfür ist unter anderem folgender: Die Runen hatten nicht nur die Funktion einer Schrift, sondern wurden auch zur Magie und zur Weissagung gebraucht. Diese beiden Funktionen erforderten andere Zeichen/Bilder und zusätzliche Laute. Auch hat das ältere Futhark 24 Zeichen, was in einer bestimmten Zahlensymbolik und Zahlenmagie seinen Ursprung hat. Ich erkläre nun nachfolgend jede einzelne Rune:

Fehu

Die Rune Fehu ist die erste Rune des Runenalphabets. Sie besteht aus einem F, bei dem die beiden Querstangen im 45 Grad-Winkel nach oben zeigen. Sie stellt die Hörner der Rinder des Viehbestandes dar. Der Lautwert der Rune ist F. Die Bedeutung der Rune ist Vieh. Sie bedeutet auch Gold und Geld. Die abstrakte Bedeutung ist Energie und bewegliche Macht.

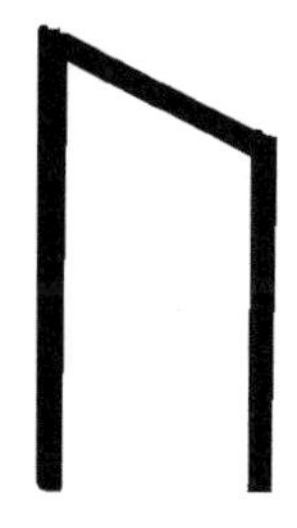

Uruz

Uruz besteht aus einem auf dem Kopf stehenden, eckigen U, dessen zweiter senkrechter Strich kürzer ist als der erste. Sie stellt die Hörner des Auerochsen oder auch fallenden Regen dar. Der Lautwert ist U. Die Bedeutung der Rune ist Auerochse. Die abstrakte Bedeutung ist Urkraft, Ursprünglichkeit und Vitalität.

Thurisaz

Die dritte Rune des Runenalphabets ist Thurisaz. Hierbei handelt es sich um ein Dreieck, das an einem senkrechten Strich klebt. Sie stellt Thors (Donars) Hammer dar oder einen Dorn auf einem Zweig. Der Lautwert der Rune ist ein stimmloses "th" wie im englischen "thorn". Im Deutschen gibt es diesen Laut nicht, hier ist der Laut ein D. Die Bedeutung der Rune ist Dorn. Die abstrakte Bedeutung ist Macht, Überwindung von Hindernissen und Vernichtung der Feinde.

Ansuz

Ansuz hat einen senkrechten Strich und zwei Querstangen, die im 45-Grad-Winkel herunterhängen. Sie stellt etwas im Winde Wehendes dar, bei dem es sich möglicherweise um Odins Mantel handelt. Die begriffliche Bedeutung der Rune ist Wind im Sinne von göttlicher Odem. Als solches steht sie für Dichtkunst und Gesang, für Inspiration und Ekstase. Ihr Lautwert ist A.

Raidho

Raidho sieht fast wie ein lateinisches R aus. Ihr Lautwert ist R. Sie stellt einen Streitwagen dar. Ihre begriffliche Bedeutung ist Rad oder Reiten. Die abstrakte Bedeutung ist Bewegung im Sinne von geordnetem Rhythmus. Diese abstrakte Bedeutung kommt beim Sprechen des R durch das Vibrieren und Rollen des Zäpfchens oder der Zungenspitze zum Ausdruck.

Kenaz

Kenaz ist die sechste Rune im Runenalphabet. Sie besteht aus zwei im rechten Winkel aufeinander stoßenden Stäben, die um 45 Grad gedreht sind. Die Rune stellt eine Flamme oder Fackel dar. Ihr Lautwert ist K. Die begriffliche Bedeutung ist kontrolliertes Feuer oder (Kien)-Fackel oder ein brennender Kienspan. Die Rune Kenaz steht in ihrer abstrakten Bedeutung für das innere Feuer und für die schöpferische Lebensmeisterung.

Gebo

Die siebte Rune ist Gebo. Sie besteht aus zwei über Kreuz stehenden Stäben. Sie stellt das Überkreuzen zweier Balken beim Hausbau dar. Ihr Lautwert ist G. Die begriffliche Bedeutung ist Geschenk, Tausch oder Wechselbeziehung.

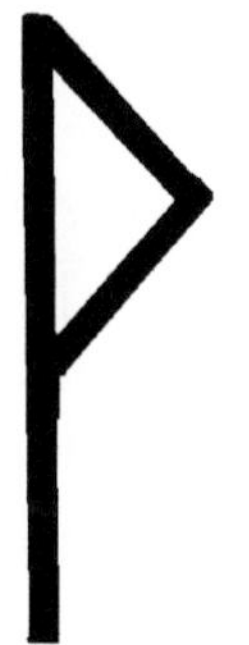

Wunjo

Wunjo besteht aus einem senkrechten Strich, am oberen Ende haftet ein Dreieck. Die Rune bildet eine Fahne ab. Ihr Lautwert ist W. Ihre Bedeutung ist Weide. Die abstrakte Bedeutung ist Kameradschaft, Wonne, Frohsinn und Vereinigung der Gegensätze.

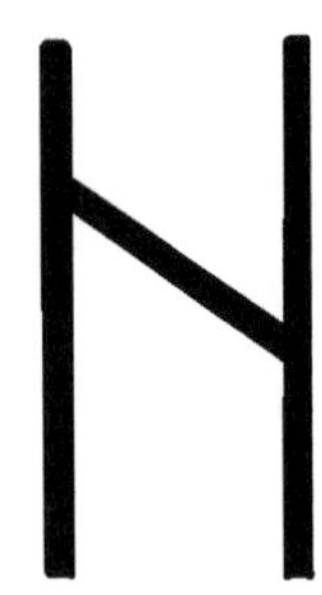

Hagalaz

Die Rune besteht aus zwei senkrechten Stäben, die durch einen Querstab verbunden sind.
Sie stellt einen Zaun bzw. ein Gehege dar. Ihr
Lautwert ist H. Ihre begriffliche Bedeutung ist
Hagel, Hag-all, (All)-Gehege. Die Rune existiert noch in einer anderen Form, nämlich als
drei Stäbe, die in 60 Grad-Winkeln überei-
nander gelegt sind. In dieser Form stellt sie
die Dreidimensionalität des Kosmos dar, den (Schnee)-Kristall,
den Hagel als Ursame des kosmischen Lebens. Ihre abstrakte
Bedeutung ist Vollkommenheit wie auch nach Durchbruch drän-
gende Keimung.

Naudhiz

Naudhiz besteht aus einem senkrechten Stab
und einem schräg darüber gelegten Querstab. Sie stellt das Bild einer Flut- oder
Bugwelle dar. Nach anderer Deutung handelt es sich bei den schräg gekreuzten Stäben um einen Feuerbohrer. Ihr Lautwert ist
N. Die abstrakte Bedeutung der Rune ist
Not und Erlösung vom Elend

Isa

Isa sieht wie ein lateinisches I aus. Sie ist ein
Sinnbild des Eises in Form eines Eiszapfens. Ihr
Lautwert ist I. Ihre begriffliche Bedeutung ist Eis,
die abstrakte Bedeutung wird mit Stille angege-
ben.

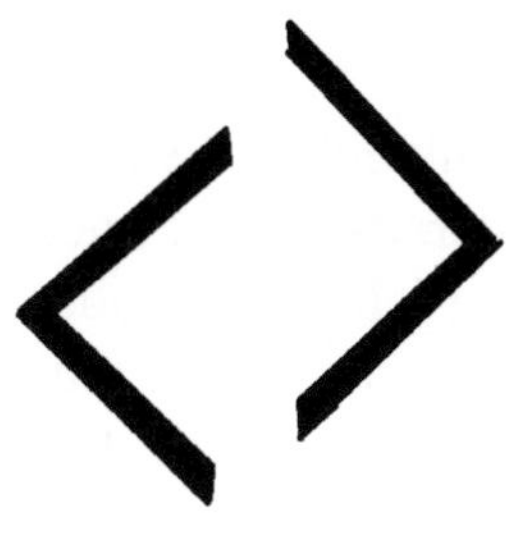

Jera

Jera besteht aus zwei Winkeln, die sich öffnen. Sie stellt das Sonnenjahr und die Ernte da. Ihr Lautwert ist J. Die begriffliche, konkrete Bedeutung ist ein sich öffnendes Samenkorn. Die abstrakte Bedeutung der Rune Jera lautet Jahreszyklus, Fruchtbarkeit und Ernte.

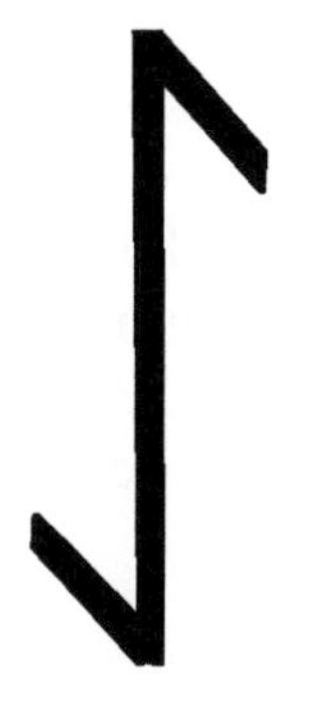

Eihwaz

Eihwaz besteht aus einem senkrechten Strich, von dessen oberen Ende ein Stab im 45 Grad-Winkel herunterweist, während vom unteren Ende ein Stab auf der anderen Seite heraufragt. Die Rune stellt den Weltenbaum oder eine Eibe dar. Der Lautwert ist nicht genau definiert. Er liegt zwischen e und i. Die abstrakte Bedeutung ist die Vereinigung von Leben und Tod.

Perthro

Die Rune Perthro mit ihrem senkrechten Strich und einem oben und einem unten angesetzten Winkel zeigt einen Würfelbecher. Der Lautwert ist P, die abstrakte Bedeutung ist Schicksal oder Ursache und Wirkung.

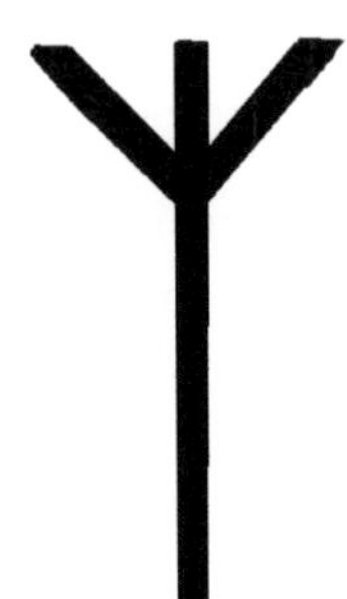

Elhaz

Elhaz besteht aus einem senkrechten Strich, von dem zwei Stäbe im 45-Grad-Winkel nach oben stehen. Sie stellt ein Elchgeweih oder auch eine ausgestreckte Hand dar. Der Lautwert ist Z. Die Bedeutung ist Elchgeweih. Die abstrakte Bedeutung ist Schutzmacht.

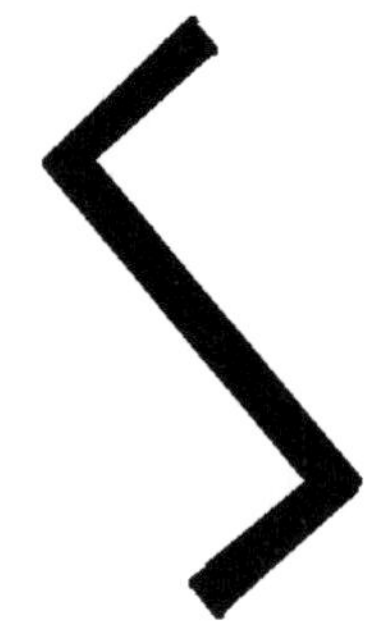

Sowilo

Die Rune Sowilo besteht aus einer Zickzacklinie in Form eines S. Der Lautwert ist S. Die begriffliche Bedeutung ist Sonne oder Sonnenrad. Die abstrakte Bedeutung kann mit Wille und Sieg wiedergegeben werden.

Tiwaz

Die Rune Tiwaz ist ein T, dessen Querstrich im rechten Winkel nach unten geknickt ist. Sie stellt das Himmelsdach oder auch eine Speerspitze dar. Der Lautwert ist T. Die abstrakte Bedeutung ist Recht, Gesetz und Gerechtigkeit.

Berkano

Berkano sieht dem lateinischen B sehr ähnlich. Die begriffliche Bedeutung ist eine Birke oder auch die Brüste der Erdmutter. Der Lautwert ist B. Die abstrakte Bedeutung von Berkano ist Geborgenheit, Fruchtbarkeit und Empfangen.

Ehwaz

Die Rune Ehwaz sieht wie ein lateinisches M aus. Die begriffliche Bedeutung ist Pferd oder auch Ehe. Der Lautwert ist E. Die abstrakte Bedeutung ist Treue, Verläßlichkeit und Gegenseitigkeit.

Mannaz

Mannaz besteht aus zwei senkrechten Stäben, die in der oberen Hälfte durch ein Kreuz miteinander verbunden sind. Die begriffliche Bedeutung der Rune ist Mensch. Der Lautwert ist M. Die abstrakte Bedeutung der Rune ist Menschheit, Sippe und soziale Ordnung.

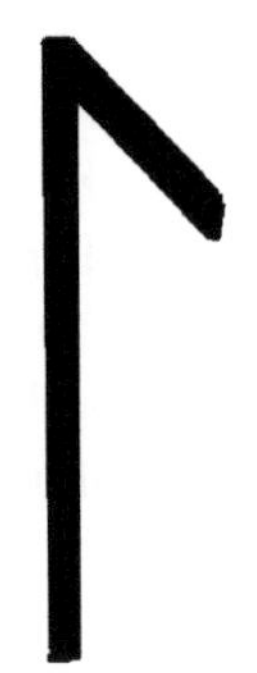

Laguz

Die Rune Laguz könnte ein auf dem Kopf stehendes L sein, dessen kürzerer Stab etwas eingeknickt wurde. Sie bildet eine Lauchstange ab. Der Lautwert ist L. Die abstrakte Bedeutung der Rune ist Lebenskraft.

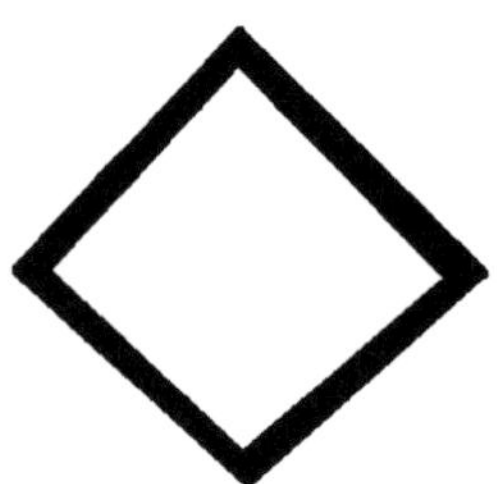

Ingwaz

Die Rune besteht aus einem auf einer Spitze stehenden Quadrat. Sie stellt ein Samenkorn dar. Die begriffliche Bedeutung meint hier den Erdgott Ing. Der Lautwert von Ingwaz ist ng. Die abstrakte Bedeutung der Rune ist Einsamkeit, Geduld und Ruhe.

Dagaz

Bei dieser Rune berühren sich zwei Dreiecke mit der von den gleich langen Schenkeln eingeschlossenen Spitze. Die begriffliche Bedeutung ist Tag. Der Lautwert ist d und stimmhaftes th wie im Englischen then. Die abstrakte Bedeutung ist Erkenntnis und Erleuchtung im Sinne der Vereinigung von Polaritäten.

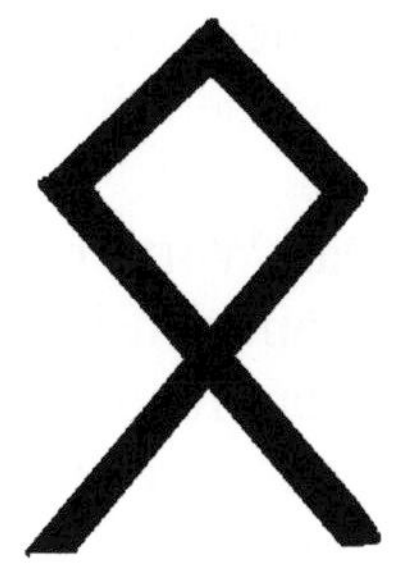

Othala

Die Rune besteht aus einer Raute mit zwei Füßchen. Dieses geheimnisvolle Zeichen stellt das Heim und die Heimat dar. Die abstrakte Bedeutung ist ererbter Besitz und rechtmäßiges Erbe. Der Lautwert ist O.

Damit beenden wir unseren Exkurs über die Runen. Wir haben nun begriffen, daß frühe Buchstaben, die den Zeichen des lateinischen Alphabets schon recht ähnlich sind, eine begriffliche Bedeutung hatten und können diese in unsere Forschung über die Herkunft der Wörter einfließen lassen.

Wurden die Buchstaben geschaffen oder entdeckt?

Odins Runenbericht in der Edda ist eine sehr alte Überlieferung, von der wir nicht wissen, ob sie sich so zugetragen hat. In diesem Buch geht es jedoch streng wissenschaftlich und exakt zu. Wir stellen uns deshalb die Frage: Wie sind die Buchstaben entstanden? Sind sie der Natur innewohnend und wurden demnach nur entdeckt, wie es in Odins Runenbericht überliefert ist? Oder wurden sie zu irgendeinem Zeitpunkt von einer menschlichen Kultur geschaffen? Um dies herauszufinden, prüfen wir, ob die Laute und Buchstaben naturwissenschaftlich erklärt werden können. Sie müssen dann eine ursprüngliche Bedeutung haben, die aus dem Weltall und der Physik kommt und den Naturgesetzen entsprechen. Wenn ein Klang in der Natur eine bestimmte Bedeutung hat, wird er von Lebewesen intuitiv, aus der eigenen Anlage heraus, richtig verstanden. Ich empfehle hierzu das Buch "Die Kraft der Sprache" von Heinz Ritter-Schaumburg, der sich sehr intensiv mit diesem Phänomen befaßt hat[3].

Wir prüfen diese These an einem Beispiel: Das Wort "offen" beginnt mit einem O. Der Mund formt dieses O mit den Lippen Es entsteht eine kreis- bzw. o-förmige Öffnung des Mundes. Wir probieren es selbst aus. Wir nehmen einen Spiegel, sprechen den Laut O und sehen unsere Lippen im Spiegel an. Der Mund formt ein o. Bei dem Laut O ist der Rachenraum weit offen und die Kiefer stehen weit auseinander. Die Lippenhaltung und die Haltung des Unter- und Oberkiefers wird gefühlt und dem Gehirn mitgeteilt. Dadurch weiß das Gehirn von selbst, daß das mit einem O anlautende Wort offen etwas bedeutet, was mit einer wahrscheinlich runden Öffnung zusammenhängt.

Das Wort "eng" ist ein weiteres Beispiel. Im Rachen drückt sich die Zunge an die Backenzähne. Der Bereich, wo die Töne gebildet werden, wird durch den E-Laut verknappt, beim Laut ng wird der Zungenrücken so gegen den Gaumen gepreßt, daß nur noch ein gepreßter Laut gestaltet werden kann. Sowohl der Laut wie das Fühlen der Zungenhaltung assoziieren dem Gehirn Enge. Auf diese Weise wissen wir, wenn wir das Wort hören oder sprechen, sofort was gemeint ist.

Auch die Wörter "kurz" und "lang" vermitteln ihre Bedeutung durch den Klang. Sowohl A wie der Laut ng können beliebig lange ausgesprochen werden: "aaaaaaa..." und "ngngngng...". Bei dem Wort "kurz" ist es hingegen umgekehrt. Zwar ist auch bei "kurz" ein Vokal enthalten, der so lange gesprochen werden kann, wie der Atem reicht: "uuuuuu...". Ebenso verhält es sich mit dem folgenden R: "rrrrrr....". Dann aber folgt ein t (z = ts) und hackt praktisch die vorausgegangenen Laute ab. T kann nur kurz und abgehackt gesprochen werden und vermittelt durch sein Abhakken der vorangegangen Laute etwas Kurzes oder Gekürztes. Ein

---

[3] Heinz Ritter-Schaumburg, "Die Kraft der Sprache", Herbig, 1990

T sieht aus wie die vereinfachte Darstellung einer Hacke oder eines Beils. Wenn wir die Stellung unserer Sprechwerkzeuge im Mund betrachten, wenn wir ein T aussprechen, dann bemerken wir, wie die Zunge sich aufrichtet und mit der Spitze den Oberkiefer hinter den Schneidezähnen berührt. Beim Sprechen des T stößt sie sich wieder ab. Man könnte sagen, Zunge und Gaumen formen im Mund gemeinsam ein T, wobei die Zunge der senkrechte Strich ist, der Querstrich ist der Gaumen oder Oberkiefer.

Es ist also möglich, daß die Buchstaben die Stellung von Zunge, Kiefer, Zähne, Gaumen und Lippen, mit der der jeweilige Laut beim Sprechen erzeugt wird, auf einfache Weise zeichnerisch darstellen. Den Schöpfer der Buchstaben, ob es nun Odin war oder nicht, stellen wir uns als eine besonders befähigte Person, als Seher oder Weisen vor. Dieser Weise stieß einen Laut aus, beobachtete oder fühlte dabei die Stellung des Mundes an sich selbst und ritzte diese Stellung vereinfacht mit einem Feuersteinmesser in die Rinde einer Buche. Ein rundes O würde in diesem Fall eckig geritzt werden, weil dies einfacher ist, später mit Pinsel oder Feder auf Papier natürlich wie ein heutiges ovales O als Großbuchstabe oder wie ein rundes o als Kleinbuchstabe. Ich verweise hier auf die Form der Rune Othala. Othala, dessen Lautwert O ist, besteht aus einem auf einem Eck stehenden Quadrat, also einem eckigen O mit zwei Füßchen.

Wenn wir die Lippenlaute (Labiale) M und B betrachten, die mit Ober- und Unterlippe gebildet werden, sehen wir, daß die Form der beiden Buchstaben die geschwungene Oberlippe mit der Vertiefung in der Mitte nachzeichnet. Dies bestätigt die im vorhergehenden Absatz aufgezeigte Theorie, wonach durch den Buchstaben zeichnerisch die Stellung des Mundes beim Sprechen des Lautes abgebildet wird. Siehe hierzu folgende zeichnerische Darstellung:

Großes M	Liegendes großes B	Oberlippe

Wir sehen also, daß man Buchstaben tatsächlich naturwissenschaftlich herleiten kann. Die naturwissenschaftliche Herleitung der Buchstaben, als der Schöpfung und dem Kosmos innewohnend, entspricht der Überlieferung in der Edda, wonach die Buchstaben und die dazugehörigen Laute von einem Weisen, der Kontakt zur geistigen Welt hatte oder einem gottähnlichen Wesen entdeckt wurden.

Warum unterscheiden sich lateinische Buchstaben und Runen?

Wenn wir die lateinischen Buchstaben und die Runen miteinander vergleichen, so gibt es Buchstaben/Runen die gleich aussehen, bis auf den Umstand, daß die Rune eckig ist. Daneben gibt es Zeichen die sich ähneln, aber auch Zeichen, wo Rune und der lautgleiche lateinische Buchstabe völlig verschieden sind. Warum ist das so, wenn doch beide Schriften praktisch dem Kosmos immanent sind? Der Grund ist der, daß die lateinischen Buchstaben reine Lautzeichen sind, die anscheinend die Stellung des Mundes beim Aussprechen zeichnerisch abbilden. Die Runen hingegen haben mehrere Funktionen. Sie sind nicht nur ein Mittel, ein Wort aufzuschreiben, sondern sollen Wörter erst bilden oder schaffen.

Dazu benötigt man einen dazugehörigen geistigen Inhalt oder einen Bedeutungsgehalt für jedes Lautzeichen. Dieser Inhalt mußte gefunden werden. Er ergibt sich aus dem Klang, der zeichnerischen Abbildung und dem beim Aussprechen entstehenden subjektiven Gefühl oder Eindruck, die dem Gehirn vermittelt werden. Um diese begriffliche Bedeutung auch im Zeichen festzuhalten, gab es immer wieder Personen, die die Runen fortentwickelten oder perfektionierten, bis sie das passende Abbild, das auch den Inhalt vermittelte, gefunden hatten. Dies war dann nicht mehr in jedem Fall mit dem Lautzeichen identisch, obwohl dies idealerweise so sein sollte. Diese Entwicklung kann übrigens auch umgekehrt verlaufen sein, also daß beim Finden der Runen der Begriffsinhalt klar erfaßt und mit einem Bild festgehalten wurde und dann erst später versucht wurde eine Deckungsgleichheit des Begriffszeichens mit einem Lautzeichen herzustellen.

Der Entwicklungsprozeß und die Entstehungsgeschichte der Buchstaben und der Runen liegen im Dunkeln. Allgemein ist man der Ansicht, daß Germanen, die in Kontakt mit Römern kamen, dort die lateinischen Buchstaben kennenlernten, sie übernahmen und für ihre Zwecke umformten. Diese allgemeine Auffassung der Historiker und Sprachwissenschaftler widerspricht der Überlieferung in der Edda. Ebenfalls ist es gar nicht denkbar, daß zuerst eine reine Lautzeichenschrift wie das lateinische Alphabet da war, denn mit diesem Alphabet konnte man keine Wörter und damit auch keine Sprache schaffen. Die Runen müssen also älter sein als das lateinische Alphabet.

Germanischer Glaube und
Neues Testament

Odin oder auf südgermanisch Wotan werden die 164 Strophen der "Spruchdichtung" in der Edda zugeschrieben, die man auch "Havamal" oder auf deutsch "Reden des Hohen" nennt. Die Strophen 138 bis 141 der Spruchdichtung enthalten Odins vorne zitierten Runenbericht. Odin erscheint in diesem Text als eine frühe Version des Jesus von Nazareth, der sich ebenfalls als Gott dazu bereit fand, menschliches Leiden zu empfinden. Beide, Jesus wie Wotan, kamen auf die Erde, um die Menschen zu einem höheren Bewußtsein zu führen und sie auf diese Weise zu einer höheren Daseinsform weiter zu entwickeln. Wie Jesus sich am Ende am Kreuz in Golgatha selbst opferte, tat dies Wotan, indem er sich neun Tage am Ast einer Esche aufhängte. Dieses Sich-selbst-Aufhängen an einem Baum oder das Sich-Kreuzigen-Lassen diente dem Zweck, sich als Gott durch das Empfinden von Hunger, Durst, Kälte, Schmerz, Angst und Verzweiflung auf eine Stufe mit den zum Leiden fähigen Menschen zu stellen. Dies erscheint schwer verständlich. Doch wie man in indischen Schriften nachlesen kann, besitzt der Mensch die Leidensfähigkeit als ein "Privileg", welches er den Göttern voraus hat. Nach dem Glauben der Inder kann ein Mensch durch freiwilliges Leiden den Göttern seinen Willen aufzwingen. Um solches auch als Gott zu können, mußte Odin als Mensch auf die Erde kommen. Er probierte aus, was Leiden ist und fügte sich selbst schreckliche Qualen zu. Dadurch führte er bei sich einen erweiterten Bewußtseinszustand herbei, der dem Gott ein inneres Schauen ermöglichte, das am Ende durch das Finden der Runen eine höhere Kulturform hervorbrachte. Durch das Finden der Runen nämlich wurden Sprache und durch die Sprache das Denken und damit der heutige Mensch erst möglich.

Neben der Menschwerdung gibt es zur Geschichte Jesu eine weitere Entsprechung in Odins Runenbericht. Es handelt sich dabei um die Speerwunde. Wie schon zitiert, heißt es in Strophe 138 der Spruchdichtung: "Speerverwundet, dem Odin geopfert, ich selber mir selbst..." Odin brachte sich nach dem Wortlaut dieses Textes die Wunde selbst bei, er opferte sich als Gott dem Gott.

Ich zitiere nachstehend die entsprechende Stelle aus dem Johannes-Evangelium 19, 31-34:

"31 Die Juden aber, weil es Rüsttag war, damit nicht die Leichname am Kreuze blieben den Sabbat über, denn es war ein großer Sabbat, baten sie den Pilatus, daß ihnen die Beine gebrochen und sie abgenommen würden. 32 Da kamen die Kriegsknechte und brachen dem ersten die Beine und dem anderen, der mit ihm gekreuzigt war. 33 Als sie aber zu Jesus kamen und sahen, daß er schon gestorben war, brachen sie ihm die Beine nicht; 34 sondern der Kriegsknechte einer öffnete seine Seite mit einem Speer, und alsbald ging Blut und Wasser heraus.[4]"

Jesus wurde laut diesem Bericht der Bibel am Kreuz durch einen Kriegsknecht mit einem Speer an der Seite verwundet. Dieser Kriegsknecht bzw. Soldat ist namentlich bekannt: Es handelte es sich um den römischen Hauptmann Longinus.

Im Schwarzwald gibt es Bauernhöfe, die an der Fassade des Wohnhauses ein sogenanntes "Longinuskreuz" als Schmuck angebracht haben. Bei einer Variante in der Nähe von Schonach handelt es sich um ein aus Holz geschnitztes Kruzifix, einen gekreuzigten Jesus, dem ein Reiter auf einem weißen Pferd eine Lanze in die Seite stößt. Dieses Longinuskreuz stellt das Selbstopfer des Gottessohnes bildhaft dar. Man erkennt die Ähnlichkeit des Reiters mit in der Germanenzeit üblichen Abbildungen Wo-

---

[4]Antiqua Taschenbibel, 1972 Württembergische Bibelanstalt Stuttgart

tans, auf denen der Gott auf seinem Schimmel Sleipnir reitet und eine Lanze trägt. Diese Ähnlichkeit des Longinuskreuzes mit Wotandarstellungen ist sicher nicht zufällig und dürfte ihre Ursache darin haben, daß alte heidnische Glaubensvorstellungen auf den Höhen des Südschwarzwaldes lange lebendig blieben. Jesus als jüngere Version Odins (und insofern mit diesem identisch) fügt sich in diesem Kontext die Wunde selbst zu, wie in dem Eddalied gesagt: "Speerverwundet, dem Odin geopfert, ich selber mir selbst - an jenem Holze, von dem niemand weiß, aus welcher Wurzel es aufwächst." Die letzte rätselhafte Wendung der Eddastrophe bekommt einen Sinn, wenn man die Weltesche mit dem Kreuz oder einem Galgen gleichsetzt, die von Zimmerleuten aufgestellt sind und deshalb im Gegensatz zu einem Baum keine Wurzeln haben.

Die Urlaute als erste Wörter

Nachdem wir wissen, wie die Buchstaben entstanden sind, wenden wir uns nun der Wortentstehung zu. Wörter entstehen synthetisch aus einer Zusammenfügung von Buchstaben. Gibt es hierfür Regeln oder werden Worte willkürlich aus beliebigen Buchstaben geschaffen? Wie wir im mythologischen Exkurs über die Runen erfahren haben, hatten Buchstaben früher zum Laut und dem Zeichen eine begriffliche Bedeutung, wie zum Beispiel bei der Rune Fehu der Begriff "Vieh". Die begriffliche Bedeutung eines Buchstabens steht in Zusammenhang mit dem abgebildeten Zeichen, das ja eigentlich ein Bild ist. Dieser Begriff oder die Bedeutung des Bildes ist nicht voll identisch mit der Bedeutung des Buchstabens, sondern soll die Bedeutung, die viel umfassender ist, erhellen. Aus den frühen Buchstaben als Laute hat sich die Sprache Stück für Stück, Wort für Wort aufgebaut und zwar aus den Lauten, der Zeichenbedeutung und dem Begriff der Buchstaben.

Ein schönes Beispiel für die Entwicklung eines Wortes aus Buchstaben ist das Wort "Brust". Wir meinen hier Brust in der Bedeutung der weiblichen Brüste und sehen, daß der Anfangsbuchstabe B wie zwei weibliche Brüste geformt ist. Der Buchstabe B ist ein Piktogramm, ein vereinfachtes Bild für die weibliche Brust.

Es gibt hierzu weitere Beispiele. Der Buchstabe T ist nicht nur ein vereinfachtes Bild einer Hacke, sondern auch ein Piktogramm für das Wort "Tisch", ein Wort, das mit T anfängt. Der Buchstabe F in seiner Runenform mit den im 45-Grad-Winkel aufstrebenden Querstangen ist ein Piktogramm für Fischgräten. *Fisch* beginnt mit einem F. Wir sehen hier, daß die Bedeutung der Rune Fehu oder des entsprechenden Buchstabens F über die Bedeutung von Vieh hinaus geht, insofern als sie zum Viehbestand in Form von Rindern auch den Bestand an Fischen eines Gewässers umfaßt.

Die ersten aus Buchstaben geschaffenen Wörter bestanden aus zwei Zeichen. Dies ergab sich folgerichtig. Nachdem man nämlich die Buchstaben entdeckt hatte, ging man einen Schritt weiter und schuf Begriffe, deren Bedeutungsgehalt schon etwas differenzierter war als der sehr vage Begriffsinhalt des Buchstabenzeichens. Dies erreichte man durch Aneinanderreihung von zwei Zeichen. Durch die Aneinanderreihung zweier Buchstabenzeichen verknüpft man zwei Begriffe zu einem neuen Begriffsinhalt, der sich aus den zwei Zeichen erschließen läßt. Diese aus zwei Zeichen bestehenden Wörter nennt man Urlaute. Die Bedeutung der Urlaute ist verglichen mit heutigen Wörtern sehr allgemein und umfassend. Eine Grammatik gibt es für Urlaute noch nicht. Ein Urlaut ist zum Beispiel der Laut oder das Wort "Fa". Daneben sind folgende Urlaute bekannt: *Ar*, *Re*, *Ma*, *Ba*, *Ul*, *Is*, *Wa* und *Na*. Urlaute bestehen entweder aus einem Konsonanten und einem Vokal oder umgekehrt aus einem Vokal und einem Konsonanten.

Wir besprechen nun die hier erwähnten Urlaute und versuchen ihre Bedeutung zu entschlüsseln. Dabei können wir es nicht vermeiden, auf die germanischen Runen zurückzugreifen. Dies müssen wir auch dann tun, wenn wir uns mit mythologischen Dingen oder dem germanischen Heidentum nicht befassen wollen, weil wir nichts von Zauberei halten oder die Runen gar als Alphabet einer primitiven Völkerschaft ansehen. Das moderne deutsche Alphabet, das eine Sonderform des lateinischen Alphabets ist, kann uns bei der Entschlüsselung der Urlaute nicht helfen. Wie schon gesagt, besteht das moderne Alphabet nur aus Zeichen und Laut, ohne eine begriffliche Bedeutung. Ohne begriffliche Bedeutung des Buchstabens wird die Deutung eines Wortes sehr erschwert. Also greifen wir zu den Runen. Wer dies nicht will, kann jedoch auch mit Schlüsselwörtern arbeiten. Schlüsselwörter sind Wörter des deutschen Grundwortschatzes, die den zu untersuchenden Urlaut als Silbe enthalten.

Fa oder Fe

Was bedeutet Fa? Es raunt uns etwas zu. Es will uns etwas sagen. Wir können dies durch langsames Aussprechen erschließen: "FFFFaaaaaaaah." Wir hören dies und haben nun eine spontane, intuitive Erkenntnis, was gemeint ist. Eine Erkenntnis, die wir mehr fühlen als denken oder in Worte fassen können. Es ist eine Art Energiemuster, das sich zu materialisieren beginnt. Näheres können wir erfahren, wenn wir Wörter suchen, die diesen Urlaut als Silbe enthalten. Es sind dies unter anderem *fahren, Vater, fasten, Fabrik, Familie, Farbe* und *Fatum*. Bei diesen Wörtern handelt es sich um Schlüsselwörter des Urlauts Fa. Wir betrachten diese Wörter und suchen das Gemeinsame in ihrer Bedeutung. Allmählich bekommen wir nun eine Ahnung, die jedoch noch ohne Worte eben nur geahnt wird. Nach meiner Meinung bildet das französische Verb "faire" für das deutsche "herstellen", "machen" die Bedeutung von fa am besten ab. Fa ist und bedeutet im engeren Sinne als andere Urlaute ein Energiemuster, das sich materialisiert bzw. auf die materielle Ebene gelangt. Gut eignet sich auch das Wort "Fee" für eine Erklärung dieses Urlauts. Eine Fee ist ein Geistwesen, eine Idee oder Vorstellung, die sich ins Materielle hinein entwickelt und in der Mythologie und im Märchen als zartes Wesen sichtbar zu werden beginnt. Fa kann natürlich auch aus den zwei Buchstaben gemäß den zugehörigen Begriffen direkt entschlüsselt werden. Die Rune Fehu, deren Lautwert F ist, steht für Viehbestand oder Feuer, auch für Geld; also im weiteren Sinne für bewegliche Macht oder für Energie. A (Ansuz) steht für göttlichen Odem. Fa ist demnach Energie, die von göttlichem Atem angeweht und dadurch vom Geist in eine Form gebracht wird.

Ar

Um herauszufinden, was der Urlaut Ar bedeutet, schauen wir uns zunächst die begriffliche, die konkrete Bedeutung der Rune Ansuz an. Der senkrechte Stab mit den beiden im 45-Gradwinkel herunter weisenden Strichen drückt etwas im Winde Wehendes aus. Der direkt zuzuordnende Begriff für die Rune Ansuz ist Wind. Dem zweiten Buchstaben des Urlauts Ar, dem R, entspricht die Rune Raidho, da deren Lautwert R ist. Raidho steht für "Reiten" oder "Rad". Die Buchstabenfolge "A-R" bedeutet also ein Etwas, das auf dem Wind reitet. Tatsächlich ist der Urlaut Ar mit dem Wort "Aar" identisch. Ar bzw. Aar bedeutet Greifvogel.

Re oder Ra

Re ist eine lateinische Silbe und heißt auf deutsch "wieder" oder "zurück" oder "gegen". Sie taucht in dem Wort "Reaktion" auf und ist auch Bestandteil der Wörter "Recht" und "rein". Ra ist ein schwäbisches Wort und heißt auf neuhochdeutsch "herab" oder "herunter". Wenn man die ursprüngliche Bedeutung von Re/Ra sucht, wird man im Altägyptischen fündig. Ra/Re ist der ägyptische Sonnengott. Sollte dies auch die eigentliche Bedeutung des Urlauts Ra sein? Also die Sonne als Etwas, das herunterscheint, herunterschaut, seine Strahlen herabwirft? Wenn wir Ra von den Buchstaben herleiten wollen, finden wir bei der Rune Raidho den zugehörigen Begriff "Rad". Rad bedeutet auch Sonnenrad oder Sonnenscheibe. Tatsächlich rollt das Rad oder die Scheibe der Sonne vom Sonnenaufgang am Morgen bis zum Sonnenuntergang am Abend über den Himmel. Mit dem Urlaut Re/Ra ist also der Sonnengott gemeint. Die abstrakte Bedeutung von Re/Ra ist "Macht", "Gewalt" und "Herrschaft".

Ma

Der Urlaut Ma kommt als das Wort "Mâ" im Schwäbischen vor. Das Dach oder der Zirkumflex über dem a bei dem Wort Mâ steht für ein nasaliertes, also sozusagen durch die Nase gesprochenes a. Mâ heißt auf neuhochdeutsch "Mann". Der Urlaut Ma kann auch aus Schlüsselwörtern wie *Mama, Materie* oder *Mahl* hergeleitet werden. Ma ist mit der Rune Mannaz identisch. Es bedeutet Mann/Mensch.

Ba

Der Urlaut Ba kann mit Hilfe von Schlüsselwörtern auf seine Bedeutung hin erforscht werden. Es gibt folgende Schlüsselwörter: *Bahre, gebären, bauen, Band* und das englische *to bear*. Ba bedeutet also etwas, das mit dem Verb "tragen" zum Ausdruck kommt. Wir können die Bedeutung auch über die Buchstaben herleiten. Der Buchstabe B oder die Rune Berkano hat als abstrakte Bedeutung "Geborgenheit", "Fruchtbarkeit" und "Empfangen". Er verweist damit auf Schwangerschaft und im Zusammenhang damit natürlich auf das (Aus)tragen des Kindes. Der Urlaut Ba meint ganz allgemein und umfassend die Vorstellung von "etwas tragen".

Ul

Den Urlaut Ul entdeckte ich durch Vergleiche des Vorkommens der Silbe Ul in verschiedenen Sprachen. Da der Bedeutungsgehalt in allen Sprachen derselbe ist, wird die Bedeutung des Urlautes Ul durch die vergleichende Sprachwissenschaft klar. Näheres hierzu folgt später. Wir können die Bedeutung von Ul jedoch auch durch Aussprechen herausfinden: "uuuuulll." U ist etwas akustisch tiefes, von weit her, von tief unten kommendes, sowohl räumlich wie zeitlich gesehen. Es kommt aus der Tiefe, es hat also viele Schichten und es kommt aus einer lang vergangenen Zeit. L ist der Anfangsbuchstabe von Wörtern wie *Leben, Liebe* und *Leib,* aber auch *laben, Laib, Leber* und *Lob.* Diese Wörter sind Schlüsselwörter für den Buchstaben L. L bedeutet demnach etwas, was mit Leben an sich zu tun hat. Wir verstehen nun, was beide Laute zusammengefaßt bedeuten: Ul meint verflossene Zeit als aufgeschichtete Lebenserfahrung. Es bedeutet also Alter und Weisheit oder als Adjektiv "alt" und "weise". Da dieses Wort noch nicht abstrakt war, sondern bildlich vorgestellt werden konnte, gegenständlich, bedeutete Ul zuerst die Alten und Weisen. Das Wort "alt" im Neuhochdeutschen ist eine Weiterentwicklung von Ul.

Is

Der Urlaut Is kommt im Englischen als 3. Person Singular des Verbs "to be" vor. Das englische *is* bedeutet auf neuhochdeutsch "ist". Wir versuchen nun diese Bedeutung aus der Zeichenbedeutung oder dem Lautwert herzuleiten. Das Zeichen I entspricht der Rune Isa, in der begrifflichen Bedeutung von "Eis". Sowohl das Zeichen der Rune als senkrechter Strich wie die begriffliche Bedeutung als festgewordenes Wasser, versinnbildlichen den Vorgang der Zusammenziehung, Zusammenpressung, Verdichtung. Isa meint ein Zurückziehen des Einzelnen auf sich selbst und steht somit für das Ich. Isa, mit seinem Lautwert i, bedeutet im Englischen und im Schwäbischen wörtlich "ich", denn das englische Wort "I" (gesprochen ai) und das schwäbische Wort "i" ist in diesen beiden Sprachen das Wort für "ich". Der Buchstabe S entspricht der Rune Sowilo und steht für die Sonne und damit für das Licht des Bewußtseins. Sowilo steht auch für "Wille" (wil), für "Weg" und "Ziel". Die beiden Runen Isa und Sowilo bedeuten also "das Ich, bestrahlt von der Sonne". Sie stehen sinnbildlich für das Leben auf der Erde. Is bedeutet demnach "Sein" oder auch "ist".

Wa

Der Urlaut Wa oder We bedeutet "heilig" oder "geweiht". Er leitet sich von Wörtern wie *Weh, Weihe, geweiht* oder *Weihnachten* ab. Wir sprechen "wwwww..." und spüren ein fast elektrisierendes Vibrieren der Lippen, während die Luft ausströmt. Die Rune Wunjo, die dem W in ihrem Lautwert entspricht, steht für "Wonne" oder "Freude". Der folgende Buchstabe A steht hier für "göttlichen Odem". Wa bedeutet also eine "göttlich inspirierte Wonne".

Na

Der Urlaut Na ist ein schwäbisch/altdeutsches Wort und bedeutet auf neuhochdeutsch "hinab". Wie kann Na aus den Buchstaben hergeleitet werden? Das N und die Rune Naudhiz besitzen jeweils einen Schrägbalken, der von links oben nach rechts unten geneigt ist und damit eine Abwärtsbewegung anzeigt. Auch beim Aussprechen von Na zeigt sich diese Abwärtsbewegung, die die Zunge beim Übergang von n nach a vollzieht. Na ist also ein Urlaut, der eine Bewegung in Form einer Ortveränderung nach unten anzeigt. Na hat im Schwäbischen verschiedene Nuancierungen. Na lang gesprochen, bedeutet "hinab". Na kurz gesprochen bedeutet hingegen "also!" oder "jetzt aber!". Es gibt auch das nasalierte *nâ*. Dieses *nâ* bedeutet auf neuhochdeutsch "hin" und zwar ebenfalls im Sinne einer Ortsveränderung, jedoch nicht nach unten, sondern in waagerechter Richtung. Dasselbe *nâ* bedeutet aber auch "dann". Weitere Nuancierungen sind *nau*, auf neuhochdeutsch "jetzt"; *nä* , auf neuhochdeutsch "nah"; *nai*, auf neuhochdeutsch "hinein" und *no,* auf neuhochdeutsch "noch". Daneben gibt es noch die Verneinungsformen *noi*, auf neuhochdeutsch "nein", *nia,* auf neuhochdeutsch "nie" und *net* bzw. *ne*, auf neuhochdeutsch "nicht" bzw. "nein".

Urlaute wie die vorstehenden, also Laute, die aus genau zwei Buchstaben bestehen und schon einen Bedeutungsgehalt haben, sind für die Etymologie des Deutschen sehr wichtig. Bei diesen Urlauten handelt es sich um einsilbige Wörter, die sich auf die erläuterte Weise leicht entschlüsseln lassen. Wir können weitere Urlaute finden, indem wir Wörter des deutschen Grundwortschatzes, die mit denselben zwei Buchstaben beginnen, auf ihre Gemeinsamkeiten und damit auf die Bedeutung der beiden Anfangsbuchstaben untersuchen.

Einsilbige Wörter, die mehrere Konsonanten und einen Vokal oder mehrere Konsonanten und einen Doppelvokal, also drei und mehr Zeichen enthalten, können nicht mehr auf so einfache Weise wie es bei den Urlauten möglich ist, erklärt werden. Stehen drei und mehr Zeicheninhalte als einzelne Buchstaben hintereinander, die für sich gelesen werden, wird das Erfassen des Begriffs zu schwierig, da zu viele Informationen gleichzeitig übermittelt werden. Solche Silben müssen auseinandergegliedert werden, um in ihrem Sinn erfaßt werden zu können. Wir zergliedern solche Silben in Urlaute. Nur der Urlaut mit seinen lediglich zwei Zeichen bietet die Möglichkeit, aus einer Silbe einen Sinn zu entschlüsseln. Er reduziert z. B. vier Buchstaben auf zwei begriffähnliche Bedeutungen à zwei Buchstaben, die zusammen einen richtigen Bedeutungsinhalt, der verstanden wird, ergeben. Zwei Urlaute hintereinander sind bereits einfache Sätze.

Ich bringe hierzu als Beispiel das Wort "Gaul". Es bedeutet - etwas abwertend - "Pferd". Gaul kommt aus dem Schwäbischen bzw. Altdeutschen. Weshalb Schwäbisch Altdeutsch ist, werde ich noch näher erläutern. Gaul bedeutet im Schwäbischen Pferd im eigentlichen Sinne des Wortes und ist nicht abwertend gemeint. Gaul kann aus den vier Buchstaben G, a, u und l nicht entschlüsselt werden. Man müßte die Bedeutung des G, die natürlich sehr vage, unbestimmt und umfassend ist, mit den Bedeutungen der anderen drei Buchstaben kombinieren und müßte dann daraus erkennen, daß die vier Buchstaben hintereinander angeordnet so etwas wie ein Pferd und zwar in Gestalt dieses Tieres und in seiner Zweckbestimmung vorstellen. Wir machen das nun anders und trennen Gaul nur in der Mitte, wo sich der Doppelvokal "au" befindet. Wir erhalten "Ga-ul". Wie wir schon erfahren haben, bedeutet *ul* "alt". Gaul bedeutet demnach also Ga Ul oder auf neuhochdeutsch "Geh Alter". Eine alte Schindmähre oder ein alter Klepper wurde auf diese Weise angetrieben und durch Zusprache aufgemuntert: "Lauf zu, Alter!" Dieser Satz "Ga Ul" oder "Gau Ul!" wurde zum festen Begriff, zu einem Wort für Pferd. Daraus erklärt sich auch, warum das Wort Gaul heute abwertend für Pferd steht, also nicht das junge, leistungswillige Tier meint.

Wir dürfen hier aber nicht vergessen, daß ul neben alt auch weise
bedeutet. In seinen Ursprüngen muß ga ul also nicht abwertend
gemeint gewesen sein. Pferde wurden in den Vorzeiten sehr ge-
schätzt und galten als Tiere der Götter. Man sagte ihnen eine direkte Verbindung und den Kontakt zu ihnen nach, insofern sie
von den Göttern ihre Eingebungen bekamen. Dies würde erklären, weshalb Gaul im Altdeutschen/Schwäbischen der eigentliche
Begriff für Pferd ist, ohne abwertend gemeint zu sein. Es hieße
dann ursprünglich: "Auf geht's, zeig was du kannst, Weiser!"

Aus Urlauten werden also komplexere Wörter mit einer spezifi-
zierteren Bedeutung, indem man - wie zuvor Buchstaben - Urlaute aneinanderreiht bzw. miteinander verknüpft oder addiert. Urlaute haben die Eigenschaft, daß es sie in allen Sprachen gibt. Da
sie wie Buchstaben besondere Energiemuster sind, bedeuten sie
auch in allen Sprachen dasselbe. Die hier behandelten und ent-
schlüsselten Urlaute Fa, Ar, Re, Ma, Ba, Ul, Is, Wa, Na und Ga
(gehen) sind für alle folgenden Kapitel sehr wichtig.

Die Silben

Silben werden heutzutage üblicherweise in zwei Kategorien eingeteilt: a) Silben als Wörter, also als einsilbige Wörter und b)
Silben, die durch Trennung mehrsilbiger Wörter entsprechend
den Regeln der Worttrennung am Zeilenende entstehen, ohne
eigene Wörter zu sein. Wer dieses Buch bis hierher aufmerksam
gelesen und verstanden hat, hat natürlich das Problem, ob eine
Silbe ein Wort oder nur der Bestandteil eines mehrsilbigen Wortes ist, nicht. Mehrsilbige Wörter sind nach unserer in diesem
Buch vertretenen Auffassung Sätze. Sie bestehen also aus mehreren einsilbigen Wörtern. Insofern es diese einsilbigen Wörter in
der heutigen Sprache nicht mehr gibt, handelt es sich um die erwähnten Urlaute aus zwei Buchstaben, die für sich allein heute in

der Sprache nicht mehr erscheinen. Silben oder einsilbige Wörter, die keine Urlaute sind, also nicht aus zwei Buchstaben bestehen, sind entweder willkürlich aus Buchstaben, oder bewußt anhand der Begriffbedeutung aller benutzten Buchstaben oder aber auch aus einem Urlaut, dem ein Buchstabe zugefügt wurde, dessen begriffliche Bedeutung, die Bedeutung des Urlauts erweitert, zusammengesetzt.

Die Entstehung abstrakter Begriffe

Wir kommen nun zu einem besonderen Thema bei der Entstehung der Sprache, und zwar dem Entstehen abstrakter Begriffe. Nachdem die Sprache soweit entwickelt war, daß Lebewesen und Gegenstände, also Dinge oder Sachen, benannt werden konnten und einfache Verben schon existierten, wollte man auch kompliziertere Vorgänge, Gedanken, Überlegungen und Ideen sprachlich ausdrücken. Man mußte also dinglose oder abstrakte Begriffe schaffen. Ein abstrakter Begriff umschreibt oder benennt etwas Dingloses, also etwas was man nicht anfassen kann und nicht mit den Sinnen (sehen, hören, riechen, fühlen) erfassen kann. Als Beispiel nenne ich das Wort "Zeit". Es stellt sich hier die Frage, wie kann ich etwas denken, das es in der materiellen Welt nicht gibt und für das ich kein Wort habe? Um denken zu können, brauchen wir Wörter. Diese Wörter entstehen von selber, sobald es einen Bedarf für die damit verbundenen Begriffe gibt. Diese neuen Begriffe werden zunächst mit einfachen Wörtern in einem Satz möglichst genau umschrieben. Wird der Sprecher verstanden, entsteht aus einem solchen umschreibenden Satz das Wort und damit der Begriff von alleine. Ich gehe hier nicht näher darauf ein. Wir werden dies später von Fall zu Fall besprechen.

Damit schließe ich meine Ausführungen zum Entstehen der Sprache. Die vorgestellte Theorie gibt uns eine Handhabe, die synthetisch entstandenen Wörter analytisch zu erklären und deren Ursprung herauszufinden.

Kapitel 3

◆

Die Bedeutung der Buchstaben
in der Etymologie

Dieses etwas trockene Kapitel über die Buchstaben ist sehr wichtig. Ohne genaues Wissen um die Bedeutung der Buchstaben für die Etymologie können wir die Grundbedeutung von Wörtern nicht entschlüsseln. Dieses Kapitel sollten Sie also sehr sorgfältig lesen. Nichtsdestoweniger werde ich in jedem einzelnen Fall, in dem ich später ein Wort untersuche, nochmals darauf eingehen.

Wie bereits erläutert, gibt es bei den Buchstaben des Alphabets Vokale und Konsonanten. In der Etymologie, der Wissenschaft über die Herkunft und wahre Bedeutung eines Wortes, sind jedoch Konsonanten und Vokale nicht gleich bedeutsam. Konsonanten sind wichtiger und deshalb bei der Entschlüsselung eines Wortes mehr zu beachten, als der Vokal. Ein Vokal kann hierbei ziemlich vernachlässigt werden. Dafür, daß Konsonanten einen höheren Stellenwert bei der Etymologie haben, gibt es zwei Gründe.

Der erste Grund ist: Wenn wir genau lauschen, wie wir ein Wort im Deutschen aussprechen, erkennen wir, daß es nicht genau so ausgesprochen wird, wie es geschrieben wird. Wir Deutsche denken im Allgemeinen, daß nur im Englischen oder Französischen ein Wort anders ausgesprochen wird, als man es schreibt. Im Englischen wird zum Beispiel das Wort "one" (eins) "uan" ausgesprochen. Ginge man bei der Aussprache nach der

Lautbedeutung der einzelnen Buchstaben, so hieße es "o-n-e".
Aber auch im Deutschen werden die Wörter nicht genau so gesprochen, wie sie geschrieben werden. Wenn wir genau hin hören, stellen wir fest, das Vokale, zum Beispiel a oder e oft wie ein
i oder unbetont ausgesprochen werden, dann mehr wie ein kurzes
ü oder ein leichter Rülpser klingen oder gar verschluckt werden.
Zum Beispiel wird das Wort "Lehrer" so ausgesprochen "Ler-r".
Das zweite E hört man kaum. Aus diesem Grund hat der Vokal
nicht den selben Stellenwert bei der Entschlüsselung eines Wortes wie der Konsonant.

Der zweite Grund, warum Vokale unwichtiger sind, ist folgender: Wörter sind nicht nur mündlich, sondern manchmal auch
durch Schriftzeugnisse durch die Zeit übermittelt worden und
fanden dann später wieder in die gesprochene Sprache Eingang.
Bevor es Rechtschreibregeln gab, hat man oft nur die Konsonanten eines Wortes geschrieben. Wenn Wörter aber ohne Vokale
geschrieben wurden, wurden sie auch ohne Vokale übermittelt.
Wir wissen dann nicht, wo im ursprünglichen Wort der Vokal
stand. Trotzdem wurde/wird das Wort verstanden.

Doppelkonsonanten

Doppelkonsonanten oder mehrere Konsonanten hintereinander in
einem Wort deuten auf die Mehrsilbigkeit eines Wortes hin. Dies
liegt unter anderem daran, daß Vokale beim schnellen Sprechen
verschluckt werden können. Wir haben dies schon bei dem Wort
Ast gesehen. Es kann also ein Wort, das nur aus einer Silbe besteht, ursprünglich mehrsilbig gewesen sein, ohne daß dies heute
noch zu erkennen ist. Mehrsilbige Wörter aber sind eigentlich
zusammengesetzte Wörter oder sogar Sätze.

Doppelvokale

Wie oben ausgeführt, sind Vokale in der Etymologie nicht so bedeutsam wie Konsonanten und können von Fall zu Fall sogar ganz vernachlässigt oder durch andere Vokale ersetzt werden. Dies gilt jedoch nicht für zwei Vokale, die hintereinander stehen. Stehen in einer Silbe zwei Vokale hintereinander, so haben wir möglicherweise ein zweisilbiges Wort oder einen Satz. Eine solche aus zwei Vokalen bestehende Silbe deutet auf zwei zusammengesetzte Urlaute.

Stimmhafte und stimmlose Konsonanten

Bei Konsonanten ist noch folgendes zu beachten. Es gibt stimmhafte und stimmlose, harte und weiche Konsonanten. Bei der Etymologie verwischt sich der Unterschied in der Anwendung dieser Laute. Für die Grundbedeutung eines Wortes ist also ziemlich gleichgültig, ob hier und heute ein Buchstabe stimmhaft oder stimmlos gesprochen wird. Der Grund liegt darin, daß dieselben Worte zeitlich oder regional unterschiedlich ausgesprochen wurden und werden, also mal mit stimmhaftem oder stimmlosen Konsonanten, hart oder weich. Wichtig für uns ist, daß ein Konsonant, je nachdem, ob er stimmhaft oder stimmlos gesprochen wird, hart oder weich, ein eigenes Zeichen hat und damit anders aussieht. Obwohl der Konsonant als Buchstabe anders aussieht, verwenden wir ihn synonym. Wir kommen in diesem Zusammenhang zu folgendem Phänomen:

Die Synonymität von B, P, W und F

In der Etymologie ist es ziemlich gleichgültig, ob ein Wort mit B, P, W oder F geschrieben wird. Es gilt die Regel: Wenn man mit der heutigen Schreibweise bei einem B, P, W und F zu keinem Ergebnis kommt, tauscht man B gegen P, W oder F aus und umgekehrt, so lange bis man ein sinnvolles einsilbiges Wort erhält. Der Grund liegt darin, daß B die weiche, stimmlose Variante, P die harte, stimmlose, F die harte, stimmhafte und W die weiche, stimmhafte Variante des selben Buchstabens darstellt.

Wir merken uns: B, P, W und F werden synonym verwendet. Eingeschränkt gilt das auch für die Buchstaben G und K, T und D.

Der Buchstabe B als M und umgekehrt

B und M sind Labiale (Lippenlaute). Dies bedeutet, daß die Lippen, und in diesem Fall die Ober- und die Unterlippe, maßgeblich an der Lautbildung beteiligt sind. Bei diesen beiden Lippenlauten kommt es vor, daß statt eines M ein B gesprochen wird und umgekehrt. Auch hier gibt es also eine Synonymität, jedoch nur in gewissen Fällen. Manchmal wird an das M ein B angehängt. So heißt es im Mittelhochdeutschen noch statt *um* "umb" oder "umbe". Im Englischen heißt *Lamm* "lamb".

Der Rachenlaut Ch

Dieser Rachenlaut hat kein eigenes Zeichen, sondern wird aus C und H zusammengesetzt. Im Schweizerdeutschen wird K wie CH gesprochen, im Russischen wird H wie CH gesprochen. Ein K kann also ein CH sein und umgekehrt. Ebenso kann ein CH ein H sein.

Die Buchstaben R und L

R und L sind unter Umständen austauschbar. Dies ergibt sich daraus, daß in manchen Gegenden statt eines Rachen-R's ein Zungen-R gesprochen wird, welches vom Klang her an den Buchstaben L angenähert ist.

Die Besonderheiten des Buchstaben C

Der Buchstabe C ist, was seinen Lautwert betrifft, kein eigener, selbständiger Laut. Er ist im ursprünglichen Alphabet, zum Beispiel dem Runenalphabet, nicht enthalten. Gesprochen wird der Buchstabe C wie ein Ts, also ein T und ein S. Er könnte also auch mit Ts dargestellt werden. Betrachten wir Wörter, die mit C geschrieben werden, stellen wir fest, daß C meist am Anfang eines Wortes verwendet wird. Es ist also offenbar so, daß hier das Zeichen des Buchstabens, es handelt sich um einen Halbkreis, der rechts offen ist, als optisch ansprechender beziehungsweise schöner empfunden wird, als ein Ts oder Z. Wörter, die mit C anfangen und als zweiten Buchstaben ein E haben, können auch mit Z statt C geschrieben werden. Anders verhält es sich, folgt nach dem C ein A. Hier wird das C wie ein K gesprochen. Man kann dieses Wort, nehmen wir als Beispiel den Vornamen *Carl*, also auch mit K schreiben. Folgt dem C ein I, ist die Aussprache noch unklarer. Das C wird in diesem Fall bei manchen Wörtern wie ein S, bei anderen wie ein Z ausgesprochen.

Wir merken uns: C hat keinen eigenen Lautwert. Es dient der optisch schöneren Darstellung eines geschriebenen Wortes. Eigentlich ist C ein Z.

Der Buchstabe Z

Z hat ebenfalls keinen eigenen Lautwert. Offenbar wurde das Zeichen geschaffen, um geschriebenen Wörtern ein ins Auge fallendes Äußeres zu geben und sie von anderen Wörtern optisch abzugrenzen. Z wird Ts gesprochen und ist somit ein Doppelkonsonant. Da die frühen Wörter alle einsilbig waren, hatten sie im Allgemeinen keine zwei Konsonanten hintereinander. Z deutet also auf Mehrsilbigkeit eines Wortes oder auf einen Satz hin, der durch das Zeichen Z versteckt wird. Mit anderen Worten: Hinter dem Buchstaben Z kann sich ein Satz oder können sich zwei Wörter verbergen. Interessant ist hier die Lautverschiebung von T zu Z. Wörter, die früher mit T begannen, wandelten sich in ihrer Geschichte zu Wörtern mit Z. Ein Beispiel dafür ist das Wort "(er)zählen". Im Englischen heißt das Wort "to tell", siehe hier auch *to* im Englischen und das entsprechende *zu* im Deutschen. Auch hier ist T zu Z geworden. Ein Z kann in einem Wort also ursprünglich auch ein T sein und ein T ein Z. Genauso kann aber auch ein C, das man der Optik wegen anstelle eines Z genommen hat, ein T oder Ts sein. Es kann auch sein, daß ein K, das man anstatt eines C geschrieben hat, in Wirklichkeit ein Z, Ts oder T ist. In diesem Zusammenhang sei auch erwähnt, daß Wörter die früher ein T beinhalteten, heute an dieser Stelle ein S haben können. Im Lateinischen wandelte sich die Aussprache von C/K zu Z oder Ts.

Die Zischlaute als zusammengesetzte und eigene Zeichen

Es gibt Zischlaute, die ein eigenes Zeichen haben, zum Beispiel der vorbehandelte Buchstabe Z. Daneben gibt es das Sch, das im Deutschen kein eigenes Zeichen hat. Sch wird mit drei Konsonanten hintereinander geschrieben, nämlich mit S, C, H, obwohl es ein eigener Laut ist, nicht wie das Z, das eigentlich ein Ts ist.

Wie schon gesagt, müssen wir bei mehreren Konsonanten hintereinander in der Etymologie immer prüfen, ob es sich in Wirklichkeit um ein mehrsilbiges, also zusammengesetztes Wort oder einen Satz handelt, der zu einem Wort, zu einem feststehenden
Ausdruck geworden ist. Für den Zischlaut Sch gilt dies so nicht.
Sch ist ein eigener Laut, der sich jedoch in den frühen Alphabe-
ten, zum Beispiel den Runenalphabeten und auch im lateinischen
Alphabet nicht mit einem eigenen Zeichen findet. Anders ist dies
im kyrillischen Alphabet. Dort gibt es eigene Zeichen für Sch. Im
Deutschen müssen wir beachten, daß in Süddeutschland oft ein
sch gesprochen wird, wo der Norddeutsche s sagt. Zum Beispiel
wird das Wort "Stein" wie "Schtein" gesprochen. Weshalb wird
es dann nicht auch so geschrieben? Der Norddeutsche (Plattdeut-
sche) sagt hingegen, wie es geschrieben wird, S-tein. S ist auch
ein Zischlaut. Können also die beiden Laute am Beginn eines
Wortes synonym verwendet werden?

Was bedeutet Sch? Sch hat kein eigenes Zeichen, also kein Bild
oder Piktogramm, aus dem sich die Bedeutung des Lautes ent-
nehmen ließe. Die Zuordnung des Sch zu einem Begriff oder einem Bedeutungsgehalt ist nicht einfach. Sch taucht in vielen
Sprachen auf, ja manche Sprachen haben fast in jedem Wort den
Zischlaut sch. Im Vergleich mit dem Vorkommen dieses Lautes
in anderen Sprachen und damit sozusagen unter Einsatz der vergleichenden Sprachwissenschaft, von der bei Kapitel 1 "Methoden der Etymologie" schon die Rede war, ist es aber möglich,
dem Laut Sch einen Bedeutungsgehalt zuzuordnen. Näheres folgt
später.

Außer Sch gibt es noch den Zischlaut Tsch. Auch dieser existiert in vielen Sprachen und hat in der kyrillische Schrift ein eigenes Zeichen.

Das Geheimnis des Buchstaben Q

Der Buchstabe Q hat keinen eigenen Lautwert. Für sich allein und bei der Aufzählung im Alphabet wird er KU gesprochen. Im Wort taucht Q nie separat auf, sondern es steht hinter dem Q stets ein U. Bei diesem U müssen wir beachten, daß hier U nicht wie ein U, also nicht wie bei dem Buchstaben Q, wo es Ku heißt, sondern wie ein W gesprochen wird. Es gilt also U=W. Der Buchstabe Q wird also Ku gesprochen, der Lautwert des Qu ist aber kw. Es stellt sich die Frage, warum wurde für die Konsonanten Kw, dem Lautwert des Q(u), ein eigenes Zeichen geschaffen? Die Antwort ist einfach. Qu steht immer am Anfang eines Wortes. Würde man statt Qu den Doppellaut Kw schreiben, wäre erkennbar, daß es sich um ein zusammengesetztes Wort handelt, es wäre dann sozusagen nicht ein Wort, sondern es wären zwei Wörter oder zwei Silben. Durch die Verwendung des Zeichens Q hat man also aus mehreren Wörtern ein einziges neues Wort geschaffen. Es ist möglich, daß der Buchstabe Q durch ein Mißverständnis entstanden ist. Q klein geschrieben sieht nämlich so aus: q. Also beinahe wie ein g. Es könnte sein, daß sich Q/q aus G/g durch Abschreiben und Übernehmen von Wörtern aus einem Text entwickelt hat.

Der Buchstabe V als U und umgekehrt

Der Buchstabe U ist in manchen Fällen mit V und W austauschbar. Der Grund liegt vermutlich darin, daß beim Ritzen eines U in Stein oder Holz das U als ein V erscheint. Es ist also so, daß wir, wenn wir mit dem Buchstaben U beim Entschlüsseln eines Wortes nicht weiter kommen, ein V oder besser ein W setzen müssen. Dies gilt auch umgekehrt, wo ein V steht, kann ein U einen sinnvollen Satz ergeben.

Kapitel 4

◆

Grundsätzliches zur Etymologie der deutschen Sprache

Wir befassen uns hier in diesem Buch speziell mit der deutschen Sprache. Beim Deutschen handelt es sich um eine autochthone Sprache. Autochthon heißt bodenständig oder heimisch. Bei Sprachen ist damit gemeint, daß eine Sprache aus sich selbst heraus entstanden ist, also von einem Kulturvolk vollständig entwickelt wurde, ohne daß fremde Wörter in größerem Umfang übernommen worden sind.

Wir wenden bei der Untersuchung des Deutschen beide Methoden der Etymologie an, die Erklärung aus dem Wort selbst und die vergleichende Sprachwissenschaft. Wie wir erfahren haben, werden Wörter synthetisch gebildet, also aus Zeichen und Lauten zusammengefügt. Dies geschieht durch Aneinanderreihung (Addition) von Buchstaben zu einem einsilbigen Wort und durch Aneinanderreihung von einsilbigen Wörtern zu einem Satz und damit zu einem mehrsilbigen Wort. Wir können die Wörter der deutschen Sprache auf diese Weise analysieren und dadurch entschlüsseln. Der Vergleich der Wörter mit ähnlichen Wörtern in anderen Sprachen ist uns dabei eine wesentliche Hilfe. Wir können dadurch feststellen, ob unsere Erklärung, die wir im Deutschen gefunden haben, auch für andere Sprachen gilt. Ist dies so, so ist das eine doppelte Bestätigung der Richtigkeit unserer analytischen Methode. Wie bereits erwähnt, sind die Bestandteile der Wörter, also die Buchstaben und die Urlaute Energiemuster, die sich dem Menschen mitgeteilt haben. Da diese Energiemuster allgemein gelten, muß es sie in allen Sprachen geben. Für andere Sprachen muß das Gleiche gelten wie für Deutsch. Sie müssen sogar streng genommen desselben Ursprungs sein wie die deutsche Sprache, wenn man der Theorie folgt, daß Sprache naturwissenschaftlich erklärt werden kann. Am Ende unserer Untersuchung erwartet uns eine Ursprache und eine der Ursprache vorhergegangene Protosprache. Dabei handelt es sich um ganz frühe Sprachen, die Grundlage aller heutigen Sprachen sind.

Ein bedeutender Nebeneffekt sind die Erkenntnisse, die wir bei der Untersuchung der Wörter gewinnen. Wie in der Einleitung zu diesem Buch erwähnt, geben sie uns wichtige Informationen, die in Vergessenheit geraten sind.

Wie schon gesagt, ist Deutsch eine autochthone Sprache. Die Herkunft der deutschen Sprache ist dunkel. Wir wissen nicht, wann und wo sie entstand. Wir unterscheiden die geschriebene Sprache (Schriftsprache) und das gesprochene Deutsch. Die Schriftsprache im heutigen Deutschland ist Neuhochdeutsch. Neuhochdeutsch ist etwa 500 Jahre alt und wurde mit der Übersetzung der Bibel durch Martin Luther in ganz Deutschland als Schriftsprache verbindlich. Frühere Schriftsprachen waren das Mittelhochdeutsche (ca. 1200 nach Christus) und das Althochdeutsche (ab 750 nach Christus nachgewiesen).

Neben dem Neuhochdeutschen als Schriftsprache gibt es heute in Deutschland das gesprochene altüberlieferte Deutsch. Dieses gesprochene altüberlieferte Deutsch ist Altdeutsch. Altdeutsch untergliedert sich regional nach den deutschen Stämmen. Es gibt deshalb verschiedene altdeutsche Sprachen, zum Beispiel Bayrisch, Friesisch und Schwäbisch. Diese altdeutschen Sprachen sind Jahrtausende alt. Das heutige Neuhochdeutsch ist vor ca. 500 Jahren in Deutschland aus dem Altdeutschen entstanden. Wenn wir mit der analytischen Methode neuhochdeutsche Wörter untersuchen, müssen wir diese Tatsache berücksichtigen. Bei einer

Zergliederung neuhochdeutscher Wörter finden wir einsilbige altdeutsche Wörter vor.

Obwohl Deutsch eine autochthone Sprache ist, gibt es auch im Deutschen Fremdwörter und sogenannte "Lehnwörter". Fremdwörter sind Wörter, die sich in autochthone Sprachen zu gewissen Zeiten als Mode einschleichen. Für Fremdwörter haben wir auch deutsche Wörter, weshalb Fremdwörter nie ganz heimisch bei uns werden. Nicht heimisch werden bedeutet, sie werden nicht eingedeutscht, also nicht in Gestalt und Schreibweise deutschen Wörtern angeglichen und verschwinden eines Tage auch wieder aus der Sprache.

Anders ist dies mit sogenannten Lehnwörtern. Lehnwort nennt man ein Wort, das aus einer anderen Sprache "entlehnt" wurde; hier ist speziell das Lateinische gemeint. Ein solches Wort unterscheidet sich vom Fremdwort unter anderem dadurch, daß es, was Form und Aussprache betrifft, sozusagen "eingedeutscht" wurde. Ich nenne hier einige bekannte Beispiele für Lehnwörter: *Fenster*, *Münze*, *Pforte*. Der Grund für das Vorhandensein von Lehnwörtern im Deutschen ist folgender: Die Deutschen hatten vor 2000 Jahren ganz einfache Behausungen: Höhlen, Zelte, Rundbauten, Baumnester. Fenster kannten sie nicht und hatten deshalb auch kein Wort dafür. Als ich im Schulunterricht zum ersten Mal von Lehnwörtern hörte, wäre ich vor Überraschung und Staunen fast von meinem Stuhl gefallen.

Ich zitiere hierzu den Eintrag im Herkunftswörterbuch des Duden zum Wort "Fenster":

Fenster: Die festen Wohnstellen der Germanen waren in der ältesten Zeit Flechtwerkbauten, später auch Holzhäuser. Daran erinnern alte Bezeichnungen wie "Wand" (ursprünglich "Gewundenes", "Geflecht") oder "Zimmer" (ursprünglich "Bauholz; Holzbau"). Erst mit dem Vordringen der Römer an Rhein und Donau lernten die Germanen den römischen Stein- und Mauerbau kennen. Zahlreiche *lat.* Bezeichnungen aus diesem Bereich gelangten als Lehnwörter in die *germ.* Sprachen, wo sie bis heute lebendig sind. Zu dieser Gruppe von Lehnwörtern wie Kalk, Mauer, tünchen, Mörtel, Ziegel, Keller, Kammer, Pforte, Pfeiler, Pfosten u.a. gehört auch das Substantiv Fenster (*mhd.* venster "Lichtluke, Fensteröffnung; Fenster", ebenso *ahd.* fenstar, *niederl.* venster, *aengl.* fenester; *schwed.* fönster stammt unmittelbar aus *mnd.* vinster. Es geht zurück auf *lat.* fenestra für "Öffnung für Licht und Luft in der Wand; Fensteröffnung; (seit der Kaiserzeit auch:) Glasfenster", das auch die Quelle für entsprechend *franz.* fenêtre ist. Durch das Lehnwort Fenster wurden die alten germ. Bezeichnungen wie ahd. augatora (= *got.* augadaúro; eigentlich wohl "Tor, Öffnung in Form eines Auges", *aisl.* vindauga (eigentlich wohl "augenförmige Öffnung für den Wind") zurückgedrängt....

Aus diesem Duden-Eintrag erschließt sich Entstehung und wahre Bedeutung des Wortes Fenster nicht. Auch widerspricht sich der Artikel, indem am Anfang auf einfache Behausungen der alten Germanen abgestellt wird, womit unterschwellig etwas angedeutet wird, was mit meiner obigen Polemik von den Rundbauten und Baumnestern übereinstimmt, mit dem Folgenden, wonach es durchaus in germanischen Sprachen ein eigenes Wort für Fenster, nämlich das Wort "Augentor" gegeben habe. Der Duden gibt zu, daß die alten Germanen ein Wort für Fenster hatten, also hatten sie auch Fenster. Weshalb dann ein Lehnwort für Lichtöffnungen in Häuserwänden notwendig ist, erklärt der Duden, indem die gesamte Fachsprache des Steinbaus aus dem Lateinischen ins Deutsche übernommen worden sei. Ob es sich hierbei um Lehnwörter handelt, ist allerdings fraglich. Die Wörter können nämlich auch gemeinsamen indogermanischen Ursprungs sein. Denn daß ausgerechnet die im kühlen Norden siedelnden Germanen nur einfache geflochtene Bauten hatten, wird niemand einsehen. Wenn sie technisch nicht so weit waren, feste und für den Winter

taugliche Häuser zu bauen, hätten sie in wärmeren Gegenden gesiedelt, also ist eher das Umgekehrte wahr.

Wir merken uns Folgendes: Lehnwörter sind eine Erfindung der Sprachwissenschaftler des 19. Jahrhunderts. Deutsch ist eine autochthone Sprache. Alle deutschen Wörter entstammen dem deutschen Kulturraum.

Kapitel 5

♦

Untersuchung
neuhochdeutscher Wörter

Wir beginnen nun mit der Untersuchung neuhochdeutscher Wörter. Wir fangen mit dem Buchstaben A an und widmen uns zunächst Wörtern, die die Ursilbe Ar enthalten. Danach behandeln wir Wörter, die die Ursilben Fa, Is und Re beinhalten etwas ausführlicher, um die Bedeutung der Urlaute nochmals zu betonen. Am Schluß behandeln wir beispielhaft ein sogenanntes Lehn- und Fremdwort. Danach folgt ein alphabetisches Wörterverzeichnis, das wir im Rahmen unserer Untersuchung gemeinsam aufstellen und das das jeweilige Wort und die etymologische Erklärung enthält.

Der Urlaut Ar

Beginnen wollen wir mit dem Wort "Aar". Wie bereits erläutert, ist der Urlaut Ar aus den Runen Ansuz und Raidho gebildet und meint ein Etwas, das auf dem Wind reitet. Aar ist identisch mit dem Urlaut Ar. Im modernen Deutschen steht Aar dichterisch/poetisch für das Wort "Adler". Leider finden wir Aar nicht mehr in allen Wörterbüchern der deutschen Sprache.

Das Wort "Arbeit" behandeln wir beispielhaft für ein mehrsilbiges Wort. Deutsche mehrsilbige Wörter sind in Wirklichkeit Sätze. Bei mehrsilbigen Wörtern muß eine Silbentrennung durchgeführt werden, bis ein sinnvoller Satz entsteht, der den Begriff erhellt. Dieser sinnvolle Satz ist im Allgemeinen altdeutsch, es kann aber auch anders sein, wobei es maßgeblich auf den Zeitpunkt ankommt, an dem das mehrsilbige deutsche Wort entstanden ist. Wenn wir uns mit Etymologie befassen wollen, kommen wir nicht darum herum, Altdeutsch zu lernen. Schwaben und Bayern haben es leichter, denn sie haben Altdeutsch schon als Kinder gelernt. In diesem Buch werde ich dem Leser die schwäbische Sprache Stück für Stück oder besser gesagt Wort für Wort näherbringen, bis er sie soweit beherrscht, wie es für das Verständnis des Buches notwendig ist.

Das Wort Arbeit taucht schon im mittelhochdeutschen Nibelungenlied auf. Die erste Strophe beginnt:

"Uns ist in alten maeren wunders vil geseit
von helden lobebaeren, von grozer arebeit..."[5]

Im Mittelhochdeutschen hieß es also *arebeit*. Im Neuhochdeutschen heißt es *Arbeit*. Was bedeutet Arbeit? Wer hat das Wort und damit die Arbeit erfunden? Auf Schwäbisch/Altdeutsch sagt man nicht arbeiten, sondern *schaffen*. Die Schwaben, also die altdeutsch Sprechenden werden deshalb manchmal verspottet. Zu Unrecht, denn weder meint das Wort "schaffen" besonders hart und sinnlos arbeiten, noch ist es so, daß die Schwaben nicht richtig deutsch können. Mit schaffen ist "erschaffen" oder "schöpfen" gemeint. Die Wörter schaffen und schöpfen sind gleichen Ursprungs. Wir sehen hier, was es mit der im 3. Kapitel "Die Be-

---

[5] Das Nibelungenlied Band 1, Mittelhochdeutscher Text und Übertragung, 1. Âventiure, Vers 1, Fischer Taschenbuch Verlag Frankfurt am Main, 1970.

deutung der Buchstaben in der Etymologie" erwähnten Synonymität von P und F und der nachrangigen Bedeutung von Vokalen auf sich hat. P und F können ausgetauscht werden. Vokale stehen in der Bedeutung zurück. Die Schwaben sind also Schöpfer/Erschaffer.

Nun zu dem Wort Arbeit. Wir haben hier einen Umlaut und gleichzeitig einen Doppelvokal, nämlich das "ei". Wir erinnern uns, daß ein Doppelvokal auf zwei Wörter hindeutet, trennen also den ersten Vokal vom zweiten ab und erhalten

Arbe-it = Arbe it oder Erbe it

Das Wort "it" oder "et" ist schwäbisch/schweizerdeutsch. Es bedeutet "nicht". Arbeit heißt demnach "erbe nicht" oder der "Nichterbe". Es bedeutet hiernach Folgendes. Diejenigen Söhne und Töchter, die nicht erbten oder vom Erbe ausgeschlossen waren, mußten sich die für das Leben notwendigen Dinge und das Vermögen in Form von Haus, Hof und Grundbesitz selbst schaffen und zwar, indem sie selbst ein Haus bauten und Wälder rodeten, um zu Ackerland zu kommen. Und wo freies Land nicht mehr zur Verfügung stand, mußte der Nichterbe eine abhängige Stellung annehmen bei einem landwirtschaftlichen Betrieb oder Handwerksbetrieb, also auf Weisung und gegen Entlohnung arbeiten. Auf Schwäbisch/Altdeutsch heißt Arbeit "Arbat", wobei das erste A etwas undeutlich gesprochen und zweite A verschluckt wird. Also etwa *Ärbt* oder *Erb et*, auf neuhochdeutsch "Erb nicht" oder "der Nichterbe". Der Nichterbe arbeitet. Deshalb, weil Arbeit im Altdeutschen/Schwäbischen "nicht erben" bedeutet, würde auch kein Schwabe das Wort Arbeit in Form von *arbeiten* als Verb gebrauchen. Der Schwabe sagt nicht arbeiten, sondern benutzt das alte Wort schaffen im Sinne von "etwas erschaffen" oder "erzeugen".

Wir schauen zum Schluß im Herkunftswörterbuch des Duden bei
Arbeit nach:

Arbeit: Das *gemeingermanische* Wort *mhd.* ar[e]beit, *ahd.*
ar[a]beit, *got.* arbaiþs, *aengl.* earfođe, *aisl.* erfiđi, ist wahrscheinlich eine Bildung zu einem im *germ.* Sprachbereich untergegan-
genen Verb mit der Bedeutung "verwaist sein, ein zu schwerer
körperlicher Tätigkeit verdingtes Kind sein", das von *idg.*
*orbho-s "verwaist"; Waise" abgeleitet ist (vgl. *Erbe*). Eng verwandt ist die *slaw.* Wortgruppe von *poln.* robota "Arbeit" (s. den
Artikel *Roboter*). Das *gemeingermanische* Wort bedeutete ursprünglich im Deutschen noch bis in das *Nhd.* hinein, "schwere
körperliche Anstrengung, Mühsal, Plage". Den sittlichen Wert
der Arbeit als Beruf des Menschen in der Welt hat Luther mit
seiner Lehre vom allgemeinen Priestertum ausgeprägt. Er folgte
dabei Ansätzen zu einer Wertung der Arbeit, wie sie sich in der
Ethik des Rittertums und in der mittelalterlichen Mystik finden.
Dadurch verlor das Wort 'Arbeit' weitgehend seinen herabsetzen-
den Sinn "unwürdige, herabsetzende Tätigkeit". Es bezeichnete
nun die zweckmäßige Beschäftigung und das berufliche Tätig-
sein des Menschen. Das Wort bezeichnet außerdem das Produkt
einer Arbeit.

Die Verfasser des Dudens hatten also denselben Gedanken, den
auch wir hergeleitet haben. Eine Waise, die von ihren Eltern
nichts geerbt hat, naturgemäß auch noch nichts gelernt und keinen Beruf hat, muß schwere körperliche Tätigkeit leisten. Was
wir bei der Bestimmung der Grundbedeutung des Wortes Arbeit
erfahren haben, ist dies: Früher hatte die Arbeit nicht den Stellenwert wie heute, wo ein jeder seinen Lebenssinn in der Arbeit
sieht. Es arbeiteten nur die, die kein Vermögen besaßen. Ein grö-
ßerer Teil der Gesellschaft konnte es sich früher anscheinend leisten, nur zu seinem Vergnügen zu leben.

Wir machen weiter mit dem Buchstaben F und untersuchen einige Wörter, die den Urlaut Fa enthalten. Wir erinnern uns: Fa bedeutet "erzeugen", "zeugen" oder "machen".

Der Urlaut Fa

Zuerst behandeln wir das Wort "Fabrik". Wir trennen die Silben und erhalten "Fa-brik". *Brik* ist altdeutsch und bedeutet "Brücke". Fabrik hieß also ursprünglich "eine Brücke herstellen". Tatsächlich waren in alten Zeiten die Brücken die ersten quasi industriell gefertigten Bauwerke, wo alle Bewohner eines Ortes zusammenhelfen und die benötigten Bauteile in Massenfertigung herstellen mußten. Hierbei war es gleichgültig, ob Brücken aus Stein gebaut wurden, wie zum Beispiel die römischen Aquädukte, Brücken aus Holz gezimmert wurden oder aus Seilen geflochten.

Fatal ist ein Fremdwort aus dem Lateinischen und bedeutet "verhängnisvoll". Wir trennen die Silben und erhalten "fa-tal". Fatal bedeutet also "einen Niedergang oder eine Talsohle erzeugen".

Faul trennen wir in "fa-ul". Es heißt also "eine Alterung erzeugen" oder "alt werden". Faul hat zwei Bedeutungen, nämlich im Sinne von "sich zersetzen" und im Sinne von "untätig" sein. Wenn wir verstehen, daß faul einen Alterungsprozeß meint, ist es klar, daß Obst fault und daß Menschen, die alt sind, auch müde und untätig sind, also faul.

Der Urlaut Is

Nach Fa machen wir mit dem Urlaut Is weiter. Is gibt es im Englischen als *is*, im Neuhochdeutschen als *ist* und im Schwäbischen als *isch*. Is bedeutet "ist" oder "Sein". Es ist aus den Runen Isa und Sowilo abgeleitet.

Wir behandeln hier das Wort "Ätsch". Bei Ätsch taucht der Urlaut Is in seiner schwäbischen Form als isch auf, wobei das i verschluckt wird. Wir sehen hier wieder, daß Vokale unwichtig sind. Weil Vokale beim schnellen Sprechen verschluckt werden und so im Lauf der Zeit verloren gehen können, können wir Konsonanten beliebig mit Vokalen dazwischen ausfüllen, bis ein sinnvoller Satz entsteht, der den Begriff erhellt. Ein Konsonant, hier das s, kann auch beliebig verdoppelt werden bis ein sinnvoller Satz entsteht. Deshalb machen wir aus Ätsch ein "Äh ts isch" oder auf neuhochdeutsch: "Äh das ist". *Ts* ist schwäbisch und soll eigentlich "des" heißen, auf neuhochdeutsch heißt des "das". Somit erhalten wir: "Äh das ist" oder "Das ist Äh." Äh ist ein alter Ausdruck des Ekels. Der aus dem Satz "Das ist Äh" entstandene feststehende Begriff Ätsch drückt heute Schadenfreude aus und hat somit eine Begriffswandlung erfahren.

Wir merken uns bei dem Wort "Ätsch" für alle folgenden Worterklärungen:

Beim Zischlaut Sch ist das i verloren gegangen. Er bedeutet "isch" (sw) oder "ist" (nhd).

Der Zischlaut Tsch ist eine Zusammenziehung des schwäbisch/altdeutschen Halbsatzes "des isch" und heißt auf neuhochdeutsch "das ist".

Z oder Ts bedeutet "des" (sw), auf neuhochdeutsch "das".

Als nächstes behandeln wir in diesem Zusammenhang das Verb "schaben". Wir trennen das Wort in "sch-ab". Die folgenden zwei Buchstaben "en" sind unwichtig. Sie sind eine Verbendung

(Zeitwortendung) und grammatikalisch bedingt. Das Wort schaben heißt also "isch ab". Wenn man etwas schabt, trennt man etwas ab. Wenn man etwa mit dem Küchenmesser gelbe Rüben schabt, trennt man die äußerste Schicht ab.

Der Urlaut Re oder Ra

Der Urlaut Re oder Ra kommt aus dem Altägyptischen. Re war der höchste ägyptische Gott und wurde mit der Sonne identifiziert. Wir untersuchen jetzt zwei Wörter, die die Silbe Ra enthalten:

Raum trennen wir in "Ra-um" oder "Ra um (her)um". Ein Raum ist also etwas, wo Gott überall um einen herum ist oder wo überall die Sonne die Umgebung erhellt.

Fahren heißt auf schwäbisch/altdeutsch "fahra". Wir trennen nun die Silben und erhalten "fa-ra" oder "machen Ra" oder "(es wie) Ra machen", also "es wie die Sonne machen". Hiermit ist gemeint, mit einem Rad über den Himmel wandern, also fahren.

Das Wort "Frau"

Wir kommen nun zu einem einsilbigen Wort, das sich nicht so einfach in die bekannten Ursilben zerlegen läßt. Es ist das Wort "Frau". Jeder weiß, was es bedeutet. Aber kann denn seine Bedeutung auch aus den vier Buchstaben F, r, a und u hergeleitet werden? Probieren wir es so: Wir haben den Urlaut Fa, der "(er)zeugen" bedeutet. R (die Rune Raidho) steht für "Reiten" und "Rad". Sie hat auch eine abstrakte Bedeutung, nämlich "Rhythmus", "Regelmäßigkeit" oder "fortgesetzte Wiederholung". Diese abstrakte Bedeutung ergibt sich aus dem Wesen des

Reitens oder des Rollens eines Rades, bei dem es sich ja um eine fortgesetzte gleichmäßige Bewegung handelt oder aus dem Sonnenlauf. *Fra* ist demnach also "fortgesetztes, regelmäßiges Erzeugen" oder in einem Wort "Fruchtbarkeit". Aus diesem Urwort Fra stammen die Wörter "Frau", "Frei", "Freia", "Freiheit", "Friede", "Freude", "frisch", "froh", "fröhlich", "fromm", "Frucht" usw.

Das Lehnwort "Fenster"

Als nächstes behandeln wir das Wort "Fenster", das wir in der Abhandlung über Lehnwörter schon gestreift haben. *Fenster* ist ein mehrsilbiges deutsches Wort. Mehrsilbige Wörter sind in Silben zu trennen, mehrere Konsonanten hintereinander sind dabei mit Vokalen so aufzufüllen bis ein sinnvoller Satz entsteht. Wir trennen "fen-s-ter", füllen Vokale neu ein und erhalten"of(f)enes-Tor" für "Guckloch". Wir stellen uns nun einfache Bauten vor. Zum Beispiel Flechtwerkbauten, wie es sie in ganz frühen Zeiten in Germanien gegeben haben soll (siehe Eintrag im Herkunftswörterbuch des Duden), auch solche aus Holz, selbst Stein. Ein ganz einfacher Bau hat nur eine Türe oder ein Tor als Eingang, dazu Wände und ein Dach. Um Licht oder Luft herein zu lassen, muß die Tür offen stehen. Es ist also logisch, daß der Begriff für eine Lichtöffnung bzw. Luftluke mit dem aus einem Adjektiv und einem Substantiv bestehenden Begriff "offenes Tor" identisch ist. Selbst als man schon eigene zusätzliche Öffnungen für das Licht baute, mußten diese "Törchen" offen sein; d. h. sie hatten einen Klappladen, der offen stand und nur nachts oder bei schlechter Witterung geschlossen wurde. Erst mit der Erfindung des Fensterglases kam auch bei "geschlossenem Tor" noch Licht herein. Schauen wir uns das Wort im Altdeutschen (hier schwäbisch) an: "A-offens-D(o)r". Das o des Wortes offen verschmilzt mit dem A des unbestimmten Artikels, das hintere o in Dor (Tor) wird verschluckt. Wir bekommen "a-ffens-Dr", "a Fenstr" (sw), auf neu-hochdeutsch "ein Fenster". Dieses Fen(e)str wurde aus dem Alt-deutschen ins Lateinische als "Lehnwort" übernommen und offenbar etwas frisiert (hübscher gemacht) zu: "Fen-e-str-a".

Das Fremdwort "Instinkt"

Zuletzt behandeln wir noch das Wort "Instinkt" als sogenanntes Fremdwort ausführlich. Wir schauen im Herkunftswörterbuch des Duden nach:

> **Instinkt** 'angeborene Verhaltensweise und Reaktionsbereitschaft (besonders bei Tieren)', oft übertragen gebraucht im Sinne von 'sicheres Gefühl für etwas': Das Fremdwort wurde im 18. Jhdt. aus *mlat.* Instinctus naturae 'Anreizung der Natur, Naturtrieb' entlehnt. Das zugrundeliegende Verb *lat.* in-stinguere 'anstacheln, antreiben' ist eine Bildung zu *lat.* stinguere 'stechen; (übertragen:) auslöschen', das zur *idg.* Sippe von *Stich* gehört.

Das "sichere Gefühl für etwas" erhalten wir auch, wenn wir *Instinkt* in einen Satz zergliedern. Wir haben hier mit "nst" drei Konsonanten hintereinander. Daraus machen wir "in-s-tinkt" oder "in-es-denkt". Der Geist oder Gott denkt in das von ihm geschaffene Lebewesen hinein und handelt durch es hindurch. Der Weltenschöpfer hat den Überblick über Natur und Schöpfung und weiß, was gut für alle ist. Deshalb funktioniert in der Natur alles und greift ineinander. Wenn wir uns fragen, weshalb Haustiere, wie Rind, Schwein, Henne und Pferd, bereit sind uns zu dienen und dafür das Ideal der Freiheit aufgegeben haben, so erhalten wir auf diese Weise die Antwort: Weil der Schöpfer will, daß diese Tiere uns dienen. Gott denkt in diese Tiere hinein. Dies ist es, was die Herkunftsgeschichte und wahre Bedeutung dieses Wortes uns sagen kann.

Wir sehen bei dem Wort Instinkt, daß die Aufteilung eines mehrsilbigen Wortes in einen Satz ein schnelleres und sicheres Ergebnis bringt, als die vergleichende Sprachwissenschaft, die das Wort aus dem Lateinischen entlehnt und dann wenig schlüssig auf indogermanisch und wieder auf deutsch "Stich" zurückführt.

Nachdem wir nun die Methoden der Etymologie an einigen Wörtern ausprobiert haben und nähere Kenntnisse über die praktische Anwendung erlangt haben, folgen die untersuchten Wörter alphabetisch in einem Wörterverzeichnis. Mehrsilbige Wörter werden analytisch in Sätze aus einsilbigen Wörtern zurückgeführt. Einsilbige Wörter werden analytisch in "Proto-Sätze" aus Buchstaben und Urlaut gegliedert.

Kapitel 6

♦

Alphabetisches Wörterverzeichnis

Folgende Anmerkungen schicke ich diesem Wörterverzeichnis voraus:

Bei Fremdwörtern wurde die deutsche Bedeutung des Wortes wie sie im Fremdwörterbuch des Duden zu finden ist, in Klammern neben das entsprechende Wort gesetzt.

Es wird in jedem Fall einzeln erläutert, auf welche Weise man zur Erklärung des Wortes gelangt (siehe "Methoden der Etymologie").

Soweit Anlaß besteht, wird auch etwas dazu gesagt, was für eine Information die etymologische Erklärung zur Vergangenheit und zur Geschichte vermittelt und wie diese zu interpretieren ist.

Ein Hinweis auf ähnliche Wörter oder gleiche Bedeutungen in anderen Sprachen (siehe die vergleichende Sprachwissenschaft in "Methoden der Etymologie") erfolgt im gegebenen Fall.

Auf abstrakte Begriffe, die ja ihre spezielle Entstehungsgeschichte haben, wird ausführlich eingegangen (siehe "Die Entstehung abstrakter Begriffe").

Um den Gepflogenheiten eines wissenschaftlichen Textes Genüge zu tun und trotzdem den Gebrauch von Anführungszeichen und der Kursivschrift im Folgenden nicht ausufern zu lassen, schreibe ich das Wort, zu dem Stellung genommen wird, am Beginn des Eintrags fett und im Anschluß dann nicht mehr in Anführungszeichen. Wörter, zu denen ich etymologisch Stellung nehme, schreibe ich bei der ersten Nennung kursiv, es sei denn, das Wort ist schon zum Beginn fett gedruckt. Wörter und Sätze, die als wörtlich wiedergegebene Äußerung erscheinen, schreibe ich stets in Anführungszeichen, ebenfalls Wörter, die ich ausdrücklich zitiere.

Aal: Dieses einsilbige Wort erschließt sich aus den Buchstaben. Es bedeutet etwas von göttlichem Geist (A) inspiriertes Lebendiges (L). Siehe hierzu die Bedeutungen der Runen Ansuz und Laguz. Daneben ist Aal auch ein lautmalerisches Wort. Wir sprechen "Aaaaa-llll". Es bedeutet sowohl etwas Langes "aaaaaaah" wie etwas Schlängelndes "llllll..", was aus dem Buchstaben L deutlich wird, der zu vibrieren und zu rollen scheint.

Aar: Wir trennen in "A-R". Die Bedeutung von A (Rune Ansuz) ist hier konkret Wind, die von R (Rune Raidho) ist Reiten. Aar bedeutet Reiter der Lüfte, genauer Greifvogel[6].

Abend: Abend ist ein zweisilbiges Wort. Es muß deshalb in einen Satz aus altdeutschen Wörtern getrennt werden. Auf schwäbisch/altdeutsch heißt Abend "Aubed". Wir trennen die Silben und erhalten "a(u)-bed" oder "a Bed", also "zu Bett". Abends geht man zu Bett.

---

[6] Wir kennen das Wort Aar aus dem Lied "Der mächtigste König im Luftrevier ist des Sturmes gewaltiger Aar". Leider ist das Lied in heutigen Liederbüchern nicht mehr zu finden.

Abort: Wir trennen in "Ab-ort". Dies bedeutet einen Ort, wo etwas auf den Boden herabfällt, also "stilles Örtchen", aber auch - als medizinische Begriff - "Fehlgeburt".

Adler: Wir trennen die Silben bis wir eine sinnvolle Bedeutung haben und erhalten "Adel-Ar" oder "Edler Aar". Der Adler ist der mächtigste und eindrucksvollste unserer Greifvögel.

ähnlich: Wir trennen in "ähnl-ich". Es bedeutet demnach "Ich bin das Ähnle" oder "Ich bin der kleine Ahn". Oder anders gesagt "Ich sehe aus wie mein Großvater, weil ich der wiedergeborene Großvater, der Ahn bin". Im alten Europa glaubte man an die Wiedergeburt innerhalb der Familie.

All: Das Weltall oder der Kosmos, wie man das All auch nennt. All analysieren wir anhand der beiden Buchstaben A (Rune Ansuz) und L (Rune Laguz): Es bedeutet Leben, das von göttlichem Odem inspiriert wird.

Ameise: Wir trennen in "A-ma-is(e)". Der Urlaut "Ma", vom Sinngehalt her mit der Rune Mannaz identisch, meint in seiner abstrakten Bedeutung "die menschliche Sozialordnung" oder anders gesagt "der Staat". Ameise heißt demnach wörtlich "ein Staat ist". Ameisen sind staatenbildende Insekten.

Amen: Diese Schlußformel unserer Gebete in Silben getrennt bedeutet "A-men" oder "Ein Mensch". Es ist die Unterschrift unter einen Brief an Gott.

Angst: Wir trennen in "Ang-st" oder "Eng ist". Wenn man Angst hat, fühlt man eine Enge im Brustkorb, die Kehle ist wie zugeschnürt oder man fühlt sich allgemein beengt und gefangen.

Apfel: Wir trennen die Silben in "Ab-fäll(t)". Der reife Apfel fällt vom Ast ab.

Arbeit: Wir trennen die Silben bis wir einen sinnvollen Satz erhalten: "Arbe-it" oder "Erbe-it" (sw), auf neuhochdeutsch "erbt nicht". Der vom Erbe Ausgeschlossene und somit Vermögenslose muß arbeiten.

Ätsch: Wir trennen in "Ä-ts-isch" (sw). Dies bedeutet auf neuhochdeutsch "Das ist Äh" oder "Das ist Brrr" oder "Das ist eklig".

Auto: Auto ist eine Kurzform des Wortes "Automobil". Diese Kurzform ist nicht ideal, weil Auto eigentlich "selbst" bedeutet. Besser wäre das Wort "Kraftwagen" oder "Kraftfahrzeug" oder einfach "Wagen". Siehe im Weiteren die Einträge bei *auto*, *Fahren*, *Kraft* und *Wagen*.

auto (selbst, eigen, persönlich, unmittelbar): Wir trennen in "au-to" oder "au do". "Au do" ist schwäbisch/altdeutsch und heißt auf neuhochdeutsch "auch tun" bzw. als ganzer Satz "Ich möchte es auch tun". Wir stellen uns nun ein kleines Kind vor. Es schaut der Mutter bei der Arbeit zu und ruft eigensinnig: "Au do!" Es möchte die Arbeit, die die Mutter gerade macht, "auch" oder "selbst", oder "persönlich" oder "unmittelbar" tun. Ein Kind lernt durch Nachahmung.

Band/binden: Mit Band ist hier nicht ein Buchexemplar gemeint, auch nicht eine Musikgruppe, sondern ein Streifen Stoff, mit dem man etwas zusammenbinden kann. Wir trennen das Wort in "Ba-nd". Wir haben hier den Urlaut "Ba" und dem folgend einen Doppelkonsonanten. Der Doppelkonsonant "nd" deutet darauf hin, daß dazwischen ein Vokal fehlt und das Wort Band in Wirklichkeit zweisilbig ist. "Ba-n-d" bedeutet demnach erstens "etwas tragen" und als zweites etwas, was der Rune Naudhiz entspricht, die in ihrer abstrakten Bedeutung für Begriffe wie "Not" und "Erlösung von Elend" steht. Wenn wir uns das verdeutlichen, erkennen wir, daß es sich bei "Band" um "etwas tragen" (Ba) und "ein damit in Zusammenhang stehendes Problem, welches gelöst wird" (N-d oder Not), handelt. Diese Problemlösung beim Tragen geschieht durch das Festbinden der Traglast mit einem Band.

Bier: Wir streichen den Vokal und erhalten "B-r". Wir analysieren B und R mit Hilfe der Runen Berkano und Raidho. Berkano bildet die Brüste der Erdmutter ab, Raidho steht für stete Wiederholung. Addiert bilden diese beiden Zeichen einen Begriff, der mit Herausquellen oder Brunnen wiedergegeben werden kann. Siehe hierzu den Eintrag bei *Brot*. Bier ist identisch mit Birke, wobei die Endsilbe "ke" den Baum bezeichnet. Interessant ist, daß der Birkensaft, den man im März durch das Anritzen der Rinde einer Birke gewinnt, in Krüge oder Flaschen gefüllt und stehen gelassen, ein leicht alkoholisches, wohlschmeckendes Getränk ergibt. Hierbei dürfte es sich um das erste Bier gehandelt haben.

Birke: Wir streichen das i, trennen und erhalten "Br-ke". Der erste Buchstabe von Birke ist das B oder die Rune Berkano, die für die Brüste der Erdmutter steht. Der zweite Buchstabe ist R oder die Rune Raidho und steht in seiner abstrakten Bedeutung für Rhythmus und stete Wiederholung. Birke ist verwandt mit Brunnen oder Bronn. Siehe auch den Eintrag bei *Brot*. Wer schon einmal im März einen Ast einer Birke abgesägt oder die Rinde angeritzt hat, weiß, daß sich die Birke dann in einen Brunnen verwandelt, weil der hochgestiegene Birkensaft aus der Schnittstelle stetig herausläuft. Die zweite Silbe "ke" ist vermutlich identisch mit "che", einem alten Wort für Baum.

Braut: Das Wort Braut gibt es auch als 3. Person Singular des Verbs "brauen". "Die Braut" heißt also "die(jenige), die braut".

Die junge Ehefrau ist früher für das Brauen des Bieres als ihre eigenständige Aufgabe zuständig gewesen.

Brot: Brot gehört zu der Wortfamilie "Braten", "(Wild)bret", "Brut", "Brauen" und "Brunnen". Der erste Buchstabe dieser Wortfamilie ist das B, ursprünglich die Rune Berkano, welche bildlich die Brüste der Erdmutter darstellt. Dieser nährende Aspekt der Erdmutter in Verbindung mit dem R, dessen abstrakte Bedeutung Rhythmus oder stete Wiederholung ist, meint also ein fortgesetztes Nähren und ein stetes Herausquellen von Milch etwa. Mit diesen beiden Buchstaben beginnt die Wortfamilie Bier, Braten, Bret, Brot, Brut und Brunnen.

Brust: Wie das vorherige Wort beginnt auch Brust mit den Buchstaben Br. Wir trennen in "Bru(nnen) ist". Brust ist eine Quelle, aus der Milch fließt.

Christ: Wir schreiben ein G statt Ch und erhalten "Grist", dann trennen wir und füllen neue Vokale ein: "Ge-rüst". Christ meint also entweder "Gerüst" im Sinne einer Zimmermannsarbeit oder "Gerüsteter" im Sinne von Bewaffneter.

crescendo (allmählich lauter werdend, im Ton anschwellend): Wir trennen das Wort bis wir einen sinnvollen Satz erhalten, dabei streichen wir nach Belieben die Vokale und ersetzen sie durch neue: "Cr-s-c-end" oder "Groß ds End" (sw) oder auf neuhochdeutsch "Groß das End(e)". "Groß das Ende" ist eine perfekte Umschreibung des Begriffsinhalts des Fremdwortes "crescendo" und gleichzeitig das, was das Wort wörtlich bedeutet.

Deutsch: Wir trennen in "Deu-ts-isch" (sw) oder "Deut-isch" (sw), auf neuhochdeutsch "Deu das ist" oder "Teut ist". Deo, Theo, Dios, Dei, Teut, Teutates, Teutone usw. bedeutet Gott.

Deutsch heißt also "Das ist Gott." Diese Bedeutung hat ihren Sinn, denn jeder Mensch ist ursprünglich von göttlicher Abkunft[7].

dies: Wir trennen in "die is" oder "die ist es".

Drachen: Wir machen aus D ein T und aus ch ein g: "Tra-gen". Dies erinnert an das englische "dragon". Warum Drachen "Träger" oder "tragen" genannt werden, ist nicht bekannt.

Dutzend: Wir trennen in "Dut-z-end". Dut oder Dutz ist eine Form von Daus, Deut, Deutz oder Dios und heißt demnach Gott. Früher zählte man nur bis zu einem Dutzend. Weitere Zahlen gab es nicht, man fing wieder von vorne an und zählte "zwei Dutzend", "drei Dutzend".... Daß am Ende der Zahlen eins bis zwölf Gott steht, leuchtet ein. Gott ist das Unendliche, sowohl räumlich wie zeitlich. Siehe hierzu auch das Wort "Tausend".

Ehre: Wir trennen in "Eh-re" und interpretieren die beiden Wortbestandteile zunächst getrennt: Die begriffliche Bedeutung des Buchstabens E ist Ehe, die abstrakte Bedeutung ist Treue und Verläßlichkeit. Der Urlaut "Re" bedeutet "Sonne/Gott". Ehre meint demnach eine enge Verbindung zu Gott oder Treue zu Gott. Oder anders gesagt: Wer in seinem gesamten Verhalten Gott gefällig ist, hat Ehre.

Eiche: Wir trennen in "Ei-che". "Ei" bezieht sich auf die Frucht, nämlich die Eichel, die wie ein kleines Ei aussieht und sogar in einem Eierbecher steckt. "Che" ist ein altes Wort für Baum.

---

[7] Siehe hierzu "Erstes Buch Mose" 1,7: "Und Gott schuf den Menschen zu seinem Bilde." - "Die Bibel - Oder die ganze Heilige Schrift des Alten und Neuen Testamens nach der Übersetzung Martin Luthers", 1972 Württembergische Bibelanstalt Stuttgart

Eltern: Eltern heißt eigentlich die "Älteren". Die Eltern sind im Vergleich zu den Kindern die Älteren.

Enkel: Wir trennen in "En-kel" oder "Ahn-ich-el". Enkel bedeutet demnach "ich bin der kleine Ahn" oder "ich bin der wiedergeborene Großvater". Man glaubte früher in Europa an die Wiedergeburt in der Familie, weshalb der Enkel auch den Vornamen des Großvaters bekam. Siehe auch den Eintrag zu dem Wort "ähnlich".

Erbe: Wir trennen die Silben und tauschen die Vokale aus: "Erbe", "Ar-be" oder "Ar ba". Der Erbe ist demnach derjenige, der den Adler weiter trägt.

Erster/erstes: Wir trennen in "Er-st" oder "Er ist's". Dies bedeutet, "er ist vorn" oder "er ist (im Ziel)" oder "er hat gewonnen". Wir stellen uns ein Wettrennen vor, einen Lauf oder ein Pferderennen. Wir stehen als Zuschauer am Rand und hoffen, daß unser Favorit siegt. Im Zieleinlauf sehen wir, daß unser Favorit vorn ist. Wir rufen "er ist 's" oder "Erster".

Europa: Wir trennen in "Eur-Opa", also euer Großvater. Hängt diese Bedeutung vielleicht mit der Vorstellung vom "Land der Ahnen" zusammen? Als andere Möglichkeit trennen wir in "e-Ur-oba" (sw), auf neuhochdeutsch "Ein Stier ist oben". Möglicherweise ist dies ein Verweis auf das Sternbild Stier[8].

Fabrik: Wir trennen die Silben in "Fa-brik". Das Wort bedeutet demnach "eine Brücke herstellen".

---

[8] Siehe zur Namensdeutung auch den europäischen Gründungsmythos von der Königstochter Europa. Nach einem griechischen Mythos entführte Göttervater Zeus die phönizische Königstochter Europa in Gestalt eines Stieres schwimmend nach Kreta und verführte sie dort.

fähig: Wir trennen in "fäh-ig". Es bedeutet demnach "machen/zeugen ich" oder "ich habe die Zeugungs- oder die Schaffenskraft".

fahren: Fahren heißt auf schwäbisch/altdeutsch "fahra". Wir trennen in "fa-ra" und erhalten die Urlaute "Fa" (machen) und "Ra" (Sonne). Fahra/fahren bedeutet, es machen wie die Sonne, die scheinbar über den Himmel wandert. Fahren heißt also "sich fortbewegen". Das Wort fahren bildet eine Wortfamilie. Aus ihm sind Wörter wie "führen", "fort", "Furt", "Fähre" und "vor" abgeleitet.

Familie: Wir trennen in "Fa-mil-i-e" oder "fa-mil". Familie bedeutet also "viele (mille=tausend) machen". Damit ist gemeint, Nachwuchs erzeugen und aufziehen.

fatal (vom Schicksal bestimmt, verhängnisvoll): Wir trennen in "fa-tal". Fatal bedeutet demnach "Eine Talsohle, eine Senke, einen Niedergang erzeugen".

Fatum (Schicksal, Geschick, Verhängnis): Wir trennen in "Fa-tum". Es handelt sich also um "ein Erzeugen". Es wird etwas erzeugt, hier jedoch nichts Gegenständliches, sondern das Geschehen in der Zukunft. "Tum" ist als Substantivendung zu sehen, wie auch bei den Wörtern "Eigentum" oder "Reichtum".

faul: Wir trennen in "fa-ul". Es heißt also "Etwas alt machen", "Verfall erzeugen" oder "faulen lassen".

Fenster: Ohne Vokale geschrieben lautet das Wort "fnstr". Mit neuen Vokalen aufgefüllt erhalten wir "(of)fenes T(o)r", also "offenes Tor" oder "offen ist Tür" für Guckloch. Als es noch keine Fenster gab, öffnete man die Tür oder das Tor, um Licht und Luft hereinzulassen.

fertig: Wir trennen in "fert-ig" oder "fährt-ig", "furt-ig" oder "fort-ig". Es handelt sich bei diesem Satz um eine Mitteilung einer Person, die eine Arbeit erfolgreich beendet hat, eine Reparatur etwa oder das Reinigen von etwas. Diese Person sagt, daß sie jetzt fort geht oder fährt (nach Hause).

feucht: Wir trennen in "fe-uch-t". Hier haben wir den Urlaut "Fa" oder "Fe", der machen/erzeugen bedeutet. Demnach bedeutet feucht "erzeugt ein Uch". Das schwäbische/altdeutsche "faicht", getrennt geschrieben "fa-i(cht)" meint "erzeugt ein i". Wenn es irgendwo feucht oder naß ist und man damit in Berührung kommt, ist das mit einem Gefühl von Kälte verbunden. Man schreit unwillkürlich "uch" oder "iiiih".

finster: Finster ist mit dem Wort Fenster verwandt. Wir streichen die Vokale und sprechen laut aus: "f-n-s-t-r" Wir lauschen dem Klang nach und erkennen auf diese Weise, welche neuen Vokale eingesetzt werden müssen. Nämlich ö, e und o. Es heißt "öffne 's Tor". Das Adjektiv finster könnte demnach am Anfang ein Satz in Befehlsform gewesen sein. In einen Raum, der keine oder nur sehr kleine Fenster hatte, wo nicht genug Helligkeit herein kam, sagte man: "öffne s'Tor (damit Licht herein kommt). Dieses "öffne s'Tor" wurde dann zu "finster" und ein neuer Begriff für "dunkel".

Flasche: Wir streichen die Vokale, trennen die Konsonanten und erhalten "F-l-sch" oder mit neuen Vokalen "Voll isch" (sw), auf neuhochdeutsch "Ist voll." Eine Flasche ist etwas, das mit etwas gefüllt wird.

Frau: Frau ist aus dem Urlaut "Fa", der in der Mitte ein r erhält, zusammengesetzt. Es bedeutet demnach ein "fortgesetztes, ein regelmäßiges Machen oder Erzeugen", mit einem Wort "Fruchtbarkeit". Frau ist mit der Göttin Freia identisch. Frau gehört zur

Wortfamilie Frei, Freiheit, Friede, Freude, froh, frisch (frei isch), fromm, Frucht.

frech: Wir trennen in "fre(i) ich". Ich bin so frei, das zu tun oder zu sagen.

Freiheit: Wir trennen in "Frei-ha-i(t)" (sw) oder auf neuhochdeutsch "frei habe ich". Freiheit bedeutet einen Zustand, wo der Gott Frei herrscht oder waltet. Frei ist ein germanischer Gott, der für Liebe und Fruchtbarkeit zuständig ist. Der Zustand von "Liebe und Fruchtbarkeit" durch das Walten des Gottes Frei ist mit allgemeiner Glückseligkeit richtig umschrieben. Freiheit bedeutet also wesentlich mehr als zum Beispiel nur Handlungsfreiheit oder daß man machen kann, was man will.

freuen: Freuen oder auf altdeutsch "freia" trennen wir in "Frei-i-a". Es heißt also "ich bin frei" bzw. "ich bin (der Gott) Frei".

futsch: Wir trennen in "fu(r)t isch" (sw). Dies bedeutet auf neuhochdeutsch "fort ist" oder "es ist weg".

Galopp (Gangart, Sprunglauf des Pferdes): Wir trennen das Wort bis wir einen sinnvollen Satz erhalten: "Ga-(u)l-(h)opp". Galopp bedeutet demnach "Gaul hopp!". Mit dem Kommando "Gaul, hopp, hopp" wird das Pferd aufgefordert, Sprünge zu machen. Bei der Gangart Galopp läuft das Pferd nicht wie im Schritt oder Trab, sondern springt oder hüpft mit den Vorder- und Hinterbeinen versetzt.

Gast: Wir trennen in "Ga-st", fügen einen Vokal ein und erhalten "Ga-ist". Es handelt sich bei einem Gast um jemand, der zu uns hingeht und dann wieder fortgeht.

Gaul: Wir trennen den Doppelvokal und erhalten die beiden Urlaute "Ga-ul" oder auf neuhochdeutsch "geh Alter!"

gebären: Wir trennen in "ge-bae-ren". Das Wort gebären bedeutet, daß "tragen" (ba) nun "geht" oder "weggeht" (Ge oder Ga),
also die Schwangerschaft durch die Geburt beendet wird. Die
letzte Silbe "ren" oder auf schwäbisch "ra" bezieht sich wieder
auf Sonne/Gott. Kinder sind göttlicher Herkunft.

glauben: Es stehen zwei Konsonanten am Beginn, wir füllen den
Vokal E ein und erhalten "gelauben" oder "geloben". Man gelobt
etwas, von dem man weiß, daß es wahr ist. Die ursprüngliche
Bedeutung von glauben ist also eine völlig andere als heute. Heute glaubt man etwas, von dem man nicht sicher weiß, ob es wahr
ist. Früher gelobte man etwas, von dem man sicher wußte, daß es
wahr ist.

Gnade: Wir trennen in "G-nad-e", tauschen die Vokale aus und
erhalten "Ga Not" oder "Geh Not". Wenn Gnade gezeigt oder
ausgeübt wird, verschwindet die Not.

Habicht: Wir trennen in "Hab-ich-t". Der Habicht ist ein ge-
fürchteter Hühnerdieb. Er jagt den Bäuerinnen die Küken und
Junghennen ab. Mit dem Satz "Hab ich!" gibt man bekannt, daß
man sich schneller als der Konkurrent in den Besitz einer Sache
oder Beute gebracht hat.

Haus: Wir trennen den Doppelvokal AU und erhalten "Ha-us".
Ha ist ein Urlaut, den wir noch nicht besprochen haben. Wir
müssen uns dessen Bedeutung aus den Buchstaben H und A erschließen. Die Rune H (Hagalaz) bedeutet "Gehege", die Rune A
(Ansuz) hat als abstrakte Bedeutung "Göttlicher Odem". Ha ist
ein umhegter, ein eingefriedeter Bereich oder Bezirk, der vom
Atem Gottes inspiriert ist. *Us* steht wahrscheinlich für "uns", auf

schwäbisch "os", englisch "us". Haus bedeutet also "unser gehegter, geschützter, von göttlichem Atem und Geist inspirierter Raum" oder "unser Heim".

Halle: Während es sich bei "Haus" um eine Umhegung oder Beherbergung (Ha) nur für "uns" oder "us/os" handelt, handelt es sich bei einer Halle um eine Beherbergung, einen Raum für "alle". Es heißt "Ha-alle", ein "Haus für alle", also für das gesamte Dorf.

heiß: Gesprochen wird das Wort "haiss". Wir trennen den Doppelvokal und erhalten "ha is". *Ha* bedeutet - wie bei dem Eintrag *Haus* erläutert - "umhegter, von Gott inspirierter Bereich" und ist ein frühes Wort für Haus oder einen Raum, der zum Wohnen bestimmt ist. In diesem Raum ist es warm, da er von der dem Wetter ausgesetzten Außenwelt abgeschirmt ist und beheizt werden kann. "Ha is" heißt also eigentlich "warm", was demnach die ursprüngliche Bedeutung von heiß gewesen sein dürfte.

heißen: Wir streichen die Verbendung "en" und trennen wie beim vorigen Eintrag in "ha is". "Ha is?" oder in heutigem Deutsch "Haus ist?". "Zu welchem Haus gehörst Du?" oder "In welchem Haus bist/wohnst Du?" ist die ursprüngliche Bedeutung von heißen .

heute: Auf schwäbisch/altdeutsch heißt heute "heit", getrennt "hei-it" oder auf neuhochdeutsch "Heu nicht". Heute ist das geschnittene Gras noch grün. Man sieht, wie wichtig in früheren Zeiten die Landwirtschaft für das tägliche Leben war.

Hilfe: Wir trennen in "Hil-fe", streichen die Vokale und füllen neue ein: "heil fa". Der Urlaut "Fa" steht für erzeugen, herstellen oder machen. Hilfe oder *Helfen*, schwäbisch "helfa", bedeutet also "heil" oder "ganz machen".

Hof: Hof ist ein einsilbiges Wort und enthält keine Doppelkonsonanten. Es kann deshalb weder in einen Satz aus einsilbigen altdeutschen Wörtern, noch in einen Protosatz aus Urlauten getrennt werden. Wir trennen somit die Buchstaben in "H-O-F", betrachten sie für sich und greifen dabei auf die germanischen Runen zurück: H(agalaz) für Umzäunung, O(thala) für Erbbesitz und F(ehu) für Vieh. Die drei Buchstaben H, O, F zusammengezählt (addiert) beinhalten ersichtlich die Bedeutung des Wortes Hof. Ein Hof ist nämlich ein Viereck, das vom Wohnhaus und verschiedenen Nebengebäuden begrenzt und umschlossen wird und in dem man Vieh zur Ernährung hält; dieser Hof wird traditionell in der Ahnenreihe an die Erben weitergegeben.

hundert: Wir trennen in "Hun-dert" oder "Hunnen dort". Hundert war also ursprünglich kein Zahlwort, sondern ein Begriff für eine große Anzahl völlig gleich aussehender Einzelteile, hier viele gleich aussehende Menschen oder auch eine ununterscheidbare Masse, als die die Deutschen die anrückenden Hunnen wahr nahmen.

Idee (Gedanke, Vorstellung): Wir trennen in "I(ch)-Dee" oder "ich bin Gott". Jeder ist Gott, wenn er schöpferisch tätig ist.

Instinkt (Anreizung der Natur, Naturtrieb): Wir trennen in "In-s-tinkt" oder mit neuen Vokalen "in-es-denkt". Tiere haben einen Instinkt. Dies bedeutet: Gott oder der Geist denkt direkt in das Tier hinein. Auf diese Weise ist es mit der Quelle verbunden und weiß von selbst, was zu tun ist.

inter (Präfix mit Bedeutung "zwischen"): Wir trennen in "inter" oder "in der". Dies ist eine perfekte Umschreibung des Wortes "zwischen".

Interesse (Aufmerksamkeit erweckend, fesselnd): Wir trennen in "In-ter-esse" oder "in der Esse" (wird Eisen geschmiedet). Mit dieser Metapher wird somit geistige Teilnahme an etwas ausgedrückt. Man sieht hier, wie der abstrakte Begriff und das Allerweltwort "Interesse" oder "interessant" in seine konkreten, dinglichen Bestandteile (Esse, Eisen, Amboß) zurückgeführt wird.

Kaiser: Wir trennen die Silben in "Kais-ar" oder "der gekieste Aar". *Gekiest* ist ein altes deutsches Wort und heißt "erwählt". Kaiser heißt demnach "der erwählte Aar". Im Mittelalter wurden die deutschen Kaiser durch die Kurfürsten gewählt. Die erste Silbe des Wortes Kaiser bezieht sich also auf das Verfahren, wie das Oberhaupt bestimmt wurde, nämlich durch Wahl. Die zweite Silbe des Wortes Kaiser bezieht sich auf das Wappentier des Deutschen Reiches. Dies ist der Reichsadler.

Kaninchen: Wir trennen die Silben und erhalten "Kan-in-chen". Es bedeutet also ein Kleines, das in etwas (h)in(ein) kan(n). Das Kaninchen kann sich in seinem Loch verstecken, wenn es in Gefahr ist. Eine andere Möglichkeit ist die Trennung in "kan-in-chen" oder "kann in gehen". Das Tier kann also in etwas hineingehen, nämlich in das von ihm gegrabene Loch.

Kapitän: Wir trennen die Silben bis wir einen sinnvollen Satz erhalten, der den Begriff erhellt: "Kap-i-t-än" oder "Kap-i-di-han". Kapitän ist also eine Zusammenziehung von "Kapp i die han" (sw), auf neuhochdeutsch "Ich habe die Mütze auf". Ein Kapitän oder Hauptmann ist äußerlich durch seine Uniform und seine Kapitänsmütze als solcher zu erkennen und von den einfachen Matrosen/Dienstgraden zu unterscheiden. Siehe auch spanisch "capitan", wo das schwäbische Wort "han", neuhochdeutsch "habe", noch deutlicher erhalten ist.

Kind: Der Buchstabe K könnte hier ursprünglich ein Z gewesen sein. Siehe hierzu "Die Bedeutung der Buchstaben in der Etymologie". Es hieße dann Zin(d) oder Ts'Sin oder T'Sonn (sw), auf neuhochdeutsch "die Sonne/Sonnengott". Ein Kind ist etwas Göttliches und von Gott Gegebenes.

Kirche: Wir trennen in "Kir-che". *Kira* (sw) oder neuhochdeutsch *küren* ist ein nicht mehr gebräuchliches Wort für "wählen". *Che* ist ein altes Wort für "Baum", das in Wörtern wie "Birke", "Buche" oder "Eiche" noch erhalten ist. Kirche heißt demnach "ausgewählte Bäume" oder "heiliger Hain". In früheren Zeiten verehrte man die Götter in Hainen und Wäldern.

Knoten: Wir trennen die Doppelkonsonanten, setzen ein G statt dem K, fügen ein e ein und erhalten "Ge(h)-Not". Das "en" fällt hier weg. Man macht einen Knoten, um etwas festzubinden, das vorher lose und in Gefahr war, verloren zu gehen. Wenn es wieder fest ist, ist die "Not" "weggegangen".

König: Setzen wir Z statt K, so heißt es "Zönig" oder "Tsön-ig", also "D'Sonn i(g)" (sw) oder auf neuhochdeutsch "Die Sonne (bin) ich". Die vergleichende Sprachwissenschaft kommt hier zum selben Ergebnis: So heißt im Spanischen König "rey" oder in einen Satz aufgeteilt "re-i". "Re i" ist schwäbisch und heißt auf neuhochdeutsch "ich (bin) Re (Sonne/Gott)".

Kraft: Wir trennen in "Kraf-t", setzen statt f ein b, fügen einen Vokal ein und erhalten "Krab tu" oder "grab Du". Es heißt also "grab Du! Du bist stärker".

Leben: Leben gehört zur Wortfamilie "Laib", "Leib", "Leber", "Lob", "Lab" und "Liebe". Etymologisch erklärt werden kann es durch die beiden Konsonanten L und B. L (Laguz) steht für "Lebenskraft" und B (Berkano) für "etwas bergen". Es handelt sich also um etwas, das die Lebenskraft in sich birgt.

liberal (hochherzig, freigebig, großzügig): Wir trennen die Silben und erhalten den Satz "Lieber-all". Dies bedeutet: Lieber allen (etwas).

liegen/legen: Wir trennen die Silben in "lie-gen", altdeutsch "liga". L, die Rune Laguz, bedeutet "Lebenskraft", der Urlaut "Ga" bedeutet "gehen" oder "weggehen". Liegen heißt: "Die Lebenskraft ist gegangen."

lustig: Wir trennen in "Lust-ig" oder "Lust ich". Eigenschaftswörter sind häufig aus dem ursprünglichen Substantiv und dem Personalpronomen "ich" zusammengesetzt.

mahnen: Mahnen heißt auf altdeutsch/schwäbisch "mâhna". Wir trennen in "mâ-na". Der Urlaut "Mâ" bedeutet "Mensch", der Urlaut "Na" bedeutet "hinab". Mahnen bedeutet demnach, "den Menschen hinab" oder "herunter drücken und unten halten".

Mann: Mann ist identisch mit dem Urlaut Ma und der Rune Mannaz.

Magd: Eine Magd war ursprünglich eine junge, weibliche Verwandte, die im Haushalt half. Magd kommt von "mag" oder "mögen". Im Mittelhochdeutschen heißt *mâge* "Verwandte(r)"[9], Die Verwandten waren Leute, die sich mochten und nicht miteinander verfeindet waren. Abgeleitet von Magd ist "Mägdelein" und hiervon wiederum "Mädchen".

---

[9] Siehe "Nibelungenlied Band 1 Mittelhochdeutscher Text und Übertragung", Fischer Taschenbuch Verlag GmbH, Frankfurt, 1970, 1. Âventiure Vers 19: "wie sêre si daz rach an ir naehsten mâgen, die in sluogen sint!"

Maschine: Wir trennen die Silben bis ein sinnvoller Satz entsteht und erhalten "Ma-sch-ine" oder "Mâ isch inne" (sw), auf neuhochdeutsch "(Ein) Mann ist darinnen". Man konnte sich früher nicht vorstellen, wie eine Maschine funktioniert, da Motoren bei der einfachen Bevölkerung noch unbekannt waren. Deshalb vermutete man allgemein, es sei ein Mensch im Gehäuse versteckt, der das Gerät antreibt.

Maul: Wir trennen den Doppelvokal AU und erhalten "Ma-ul". Diese beiden Urlaute addiert bedeuten "alter Mensch". Alte Menschen waren in früheren Zeiten im Regelfall zahnlos und hatten deshalb keine geschwungenen, vollen Lippen mehr, sondern stattdessen einen Strich. Sie hatten keinen Mund mehr, sondern ein "Maul".

Mensch: Die Aneinanderreihung von Konsonanten und Zischlaut deutet auf einen Satz. Wir trennen deshalb in Silben und erhalten "Mann isch" oder "männisch". Das i verschwand beim Zusammensprechen der beiden Wörter, es wurde verschluckt. Es war ursprünglich nur der ein Mensch, der auch ein Mann war im eigentlichen Sinne des Wortes.

Milch: Wir trennen in "Mil-ch" oder "Ml-ch" oder "Mahl-ich". *Mahlen* verwendet man im gehobenen Sprachgebrauch heute noch anstelle des Wortes "essen". Milch bedeutet demnach, etwas was ich esse bzw. als Nahrung zu mir nehme. Siehe auch das Wort "mahlen" für das Zerkleinern von Getreidekörnern. Man konnte nur essen, wenn das Getreide zuvor gemahlen wurde.

modern (neuzeitlich, neuartig, der Mode entsprechend): Wenn wir das Wort wörtlich nehmen, heißt es "modern" im Sinne von "verfaulen".

Nacht: Wir trennen in "N'acht" oder "nach Acht". Nach acht Uhr abends ist es dunkel.

Name: Name heißt auf altdeutsch/schwäbisch "Nâmâ". Wir trennen in die beiden Urlaute "Nâ Mâ". Diese bedeuten auf neuhochdeutsch "Hin Mann" und zwar als Frage gemeint. "Wo gehörst Du hin?", "Wo kommst Du her?" bzw. "Wo muß ich Dich hin tun oder einordnen?" Wenn man früher jemanden nicht kannte, fragte man also sinngemäß so: "Mann, zu welcher Sippe gehörst Du ?" oder "Mann, in welches Gäu gehörst Du hin?"

Nase: Wir trennen in "Na-se(h)" (sw) oder auf neuhochdeutsch "hinabsehen". Wenn wir unsere Augen nach unten richten (hinabsehen), sehen wir unsere Nase.

Nation: Wir trennen in "Na-tion" oder "na tion" oder ""na doa" (sw), auf neuhochdeutsch "hinab tun" für "auf die Welt kommen" oder "geboren werden". Nation meint Menschen gleicher Abstammung (Geburt) mit dem Gefühl der Zusammengehörigkeit und dem Willen zum Staat.

Natur: Wir trennen in "Na-t-ur". Es bedeutet demnach "Na d'Ur" (sw) oder auf neuhochdeutsch "hinab mit dem Ur (Auerochse)". Die Rune Uruz bedeutet neben Auerochse auch Urkraft, Form und Vitalität. Es ist hier also das Entstehen und Geborenwerden der Lebewesen ins Materielle hinein aus dem göttlichen Geist oder dem göttlichen Gedanken gemeint, die Formung der Lebewesen oder genauer gesagt: Die Schöpfung.

neu: Wir trennen in "ne u(l)". Wir haben hier die zwei Urlaute "ne" und "ul" (das l ist weggefallen). Neu bedeutet demnach "nicht alt".

neulich: Wie das vorherige Wort heißt es "ne ul". Hier ist das L erhalten geblieben. Es bedeutet demnach "nicht alt" im Sinne von "nicht lange her".

Opfer: Wir trennen die Silben und erhalten "Ob-fahr". Ein Lebewesen wird geopfert (stirbt). Bei diesem Vorgang kehrt die Seele in den Himmel zurück, fährt also nach oben.

Ostern: Ostern war früher das Fest der Frühlingsgöttin *Ostara*, auch *Ischtera, Istara oder Ischtar*. Wir trennen Ischtera in "Isch-Schtera". Dies ist schwäbisch und heißt ebenso wie das englische "star" auf neuhochdeutsch "Stern" oder genauer "ist der Stern". Die altbabylonische Göttin Ischtar wird mit dem Planeten Venus in Verbindung gebracht. Ihr Symbol ist der achtzackige Stern.

Paradies (Garten Eden, Garten Gottes, Himmel, Ort der Seligkeit): Ich verweise hier auf ein altes Weihnachtslied, indem es nicht "Paradies" sondern "Paradeis" heißt[10]. Wir setzen statt P ein F und erhalten "Far-a-deis" (altd) oder auf neuhochdeutsch "fahr zu Gott". Wenn jemand stirbt, geht er zu Gott. Siehe hier auch englisch "to die" (gesprochen to dai). Dies bedeutet wörtlich "zu Dei", also "zu Gott".

parieren (einen Angriff abwehren): Wir setzen anstatt p ein v, tauschen a in o und erhalten "vor" oder "vor(gehen)". "Vor" oder "Vorgehen" ist ein militärische Befehl. Wenn wir einen Angriff parieren wollen, müssen wir dem Angreifer in den Weg treten.

---

[10]Siehe "Evangelisches Kirchengesangbuch", 1953, Evangelische Landeskirche Württemberg Stuttgart, Lied Nr. 21, Strophe 6: "Heut schleußt er wieder auf die Tür zum schönen Paradeis; der Cherub steht nicht mehr dafür. Gott sei Lob, Ehr und Preis!" (Lobt Gott ihr Christen alle gleich, Nikolaus Hermann 1500-1561).

Pferd: Wir setzen statt P ein F und erhalten "fährt". Ein Pferd ist ein Vehikel, mit dem man fahren, reisen kann.

Pflicht: Wir setzen statt P ein F. Der abstrakte Begriff Pflicht ist aus dem Wort für Geflecht abgeleitet. Für diese Handwerksarbeit brauchen wir mehrere Stränge (für einen Zopf) bzw. Schuß und Kette (für ein Gewebe), die in einander wirken und ein größeres Ganzes erzeugen. Ein größeres Ganzes ist nur möglich, wenn jeder seiner Pflicht tut.

Phase (Abschnitt einer [stetigen] Entwicklung): Wir trennen die Silben in "Fa-se(h)". Phase bedeutet also "sehen oder beobachten, wie etwas erzeugt" oder "gemacht wird".

privat ([der Herrschaft] beraubt; gesondert, für sich stehend, nicht öffentlich): Wir setzen statt p ein b und statt v ein b. Dann streichen wir die Vokale. Wir erhalten "b-r-b-t". Nun füllen wir neue Vokale ein bis ein sinnvolles Wort entsteht. Wir erhalten auf diese Weise "beraubt". Dies deckt sich mit der oben stehenden deutschen Erklärung von privat im Fremdwörterbuch des Duden.

publik (öffentlich; offenkundig; allgemein bekannt): Wir setzen statt b ein p und tauschen das u für ein o aus. Dadurch erhalten wir "poplik" oder "popelig". Das Wort "popelig" bedeutet laut Herkunftswörterbuch des Duden "armselig, schäbig; ganz gewöhnlich". Wie unter dem Wort "Republik" noch genauer ausgeführt, bedeutet "popelig", "populär", auch französisch "peuple" und ähnliche "die ganz gewöhnlichen Leute" oder "das Volk". Publik bedeutet demnach: "dem gemeinen Volk" oder "allen gehörend oder zugänglich". Zur Wortfamilie gehört auch das Wort "populistisch". Es bedeutet "die Interessen der kleinen, ganz gewöhnlichen Leute vertreten".

Qualität (Beschaffenheit, Güte, Wert): Qualität wird "Gwali-tät" gesprochen. Wir trennen die Silben bis ein sinnvoller Satz entsteht: "g-wal-i-tät" oder "g-wähl-i-tät" (sw) oder "gwählt i hätt" (sw). Auf neuhochdeutsch heißt dies "wählen ich täte" oder "gewählt ich hätte". Qualität ist also etwas, was man selber wählen würde aus einer Auswahl von Produkten.

Qualle: Qualle wird "Gwalle" gesprochen, also "G(e)walle" von "Wallen" als Beschreibung für die Schwimmbewegung dieses Meerestieres.

Quelle: Gesprochen wird das Wort "Gwelle", also "G(e)welle" als Beschreibung für das Herausfließen von Wasser aus einem Ursprung über Steine. Siehe auch das englische Wort für Quelle "well".

quer: Wie die vorherigen Wörter wird auch quer mit einem w statt einem u gesprochen: "gwer" oder "(g)wehr", von "wehren". Wer sich wehrt, stellt sich quer (im 90-Grad-Winkel zur Stoßrich-tung).

Rad: Wir trennen in "Ra-d". *Ra* ist der Urlaut "Ra" in seiner Be-deutung als "Sonnenscheibe/Sonnenrad".

ragen: Wir trennen in "Ra-gen" oder "Ra-gehen". Es ist gemeint "himmelwärts (zu Ra/zur Sonne) streben".

Rand: Wir trennen in "Ra-nd". Der Urlaut "Ra" bedeutet hier "herunter", "nd" leitet sich von der Rune Naudhiz ab und bedeutet "Not". Ein Rand ist demnach etwas, wo etwas herunterfallen kann, wenn man nicht aufpaßt.

Rat: Wir trennen in "Ra-t". Etwas Geistiges, das uns weiterhilft und das im eigentlichen Sinne von oben herunter (ra) bzw. direkt vom Geist und von Gott (Ra) zu uns kommt.

Raum: Wir trennen in "Ra-um". Raum bedeutet "Die Sonne/Gott ist überall um einen herum" oder den Bereich, der "von der Sonne erhellt wird".

real (dinglich, sachlich; wirklich, tatsächlich): Wir trennen in "re-al" oder "Re (ist) all". Alles ist Sonne/Gott oder Sonne/Gott ist überall. Die Alteuropäer hielten die gesamte Materie für beseelt und von Gottes Geist durchdrungen.

Regen: Wir trennen die Silben und erhalten "Re-gehen". Wenn es regnet, ist es bewölkt. Die Sonne ist abwesend und damit sozusagen "weggegangen".

Reich: Wir trennen das Wort bei dem Doppelvokal EI und erhalten "Re-ich". Das Wort Reich bedeutet "ich bin die Sonne/der Sonnengott" oder "ich bin Gott" oder "ich bin göttlich". Dies ist auch die eigentliche Bedeutung des Eigenschaftswortes "reich". Es umschreibt einen Zustand oder eine Eigenschaft, die mehr ist als nur viel Geld haben. Reich bedeutet "ich habe das volle, das göttliche Potential". Dies gilt es als Lebensregel unbedingt zu beachten.

Reigen: Wir trennen die Silben und erhalten "Re-i-gen". Die ersten beiden Silben bedeuten "Ich bin Re (die Sonne)", die dritte Silbe "Gen" heißt "gehen". Reigen bedeutet also: "Ich gehe als Sonne" oder "Den Sonnenlauf tanzen". Reigen sind deutsche Kreistänze.

rein: Wir trennen den Doppelvokal EI und erhalten "Re-in" oder "Die Sonne ist darinnen". Dies bedeutet etwas Klares, das die

Sonne hinein und durchscheinen läßt. Siehe auch "der Rhein" als klares Wasser, auf dem sich die Sonne sowohl spiegelt als auch bis auf den Grund scheint.

Reis: Wir trennen den Doppelvokal und erhalten "Re-is". Reis ist ein von Gott gegebenes Nahrungsmittel.

Reise: Wir trennen in "Re-i-se" oder "Re-is-se". Reise bedeutet demnach "Ich sehe Re" oder "Sehen, was Re ist". Die alte Religion bestand in dem Glauben, daß Geist und Materie eines seien, also alles von Gottes Geist beseelt ist. Es war (ist) also alles göttlich, was um und in uns ist. Siehe auch die Einträge *Raum* und *real*.

Republik (Staat, in dem mehrere nicht durch Erbfolge bestimmte Personen sich zu rechtlich umschriebenen Bedingungen in die Staatsgewalt teilen): Wir trennen die Silben und erhalten "Re-publik" oder auch "Re popelig". Um diesen Satz zu verstehen, erinnern wir uns, daß der Urlaut "Re" nicht nur Sonne/Gott bedeutet, sondern auch eine abstrakte Bedeutung als "Macht" oder "Allgewalt" hat. Das Wort "popelig" bedeutet "armselig, schäbig" oder auch "ganz gewöhnlich". Siehe hierzu auch den Eintrag bei publik. Republik bedeutet demnach "Die Gewalt (Macht) geht von den kleinen, ganz gewöhnlichen Leuten aus". Oder mit anderen Worten: "In einer Republik ist das Volk der Souverän!"

Riese: Wie *Rasse, Rose, Roß* und *Russe* (siehe nächstes Wort) kommt auch Riese von "Re is". Der Riese ist göttlich. Zur Wortfamilie zählt auch *Reise* und *Reisige* (Bewaffnete) sowie das *Reis* (Zweig, der Wurzeln schlägt) und das Nahrungsmittel *Reis*.

Russe: Russen nannte man früher im Deutschen "Reußen", Rußland hieß "Land der Reußen". Wir trennen *Reuße* und erhalten

"Re-us-se". Es bedeutet demnach "Re us" oder "Re os" (sw), auf neuhochdeutsch "Re uns" oder "Re wir". Reuße bedeutet demnach dasselbe wie Deutscher, nämlich: "Wir sind Gott" oder "Wir sind göttlich". Das Wort "Reuß" gibt es im Deutschen heute noch als Name des Fürstenhauses "Reuß".

schaben: Schaben bedeutet "isch-ab" (sw), auf neuhochdeutsch "ist ab". Wenn man etwas schabt, trennt man ein Teil davon ab.

Schach: Wir trennen in "Sch-ach" oder "isch-hach" oder "isch Hah", auf neuhochdeutsch "ist der Hah". Hah ist ein altägyptischer Gott der für die zeitliche und räumliche Unendlichkeit steht. Das Wort "Schah" ist ein Wort aus dem Persischen und bedeutet "König". Nach diesem persischen Wort wurde das Schachspiel benannt, denn es ist das königliche Spiel.

schade: Wir trennen in "isch-ade" (sw), auf neuhochdeutsch "ist Ade". *Ade* ist eine schwäbische Grußformel und bedeutet "Lebewohl", wörtlich "mit Gott" oder "zu Gott". *Isch Ade* bedeutet einen Abschied oder Verlust.

Schal: Wir trennen in "Isch-Aal" (sw), auf neuhochdeutsch "ist Aal". Es handelt sich bei Schal um ein Kleidungsstück wie ein schlangenförmiger Fisch.

Schall: Wir trennen in "Isch-all" (sw), auf neuhochdeutsch "ist all". Der Schall breitet sich überall aus.

Schatz: Wir trennen in "Isch-Atz" (sw), auf neuhochdeutsch "Ist Atz". *Atz* oder *Atzung* heißt "Nahrung". Irgendwo vergrabene oder versteckte Nahrung bedeutet in Notzeiten den größten Schatz.

scheinen: Wir trennen in "isch-einen" (sw) oder auf neuhochdeutsch "ist einen". Dies bedeutet: Der Schein des Lichts/der Sonne erhellt alles und eint es in seinem Glanz.

schenken: Schenken heißt auf schwäbisch/altdeutsch "schenga" Wir trennen die Silben, setzen die Vokale neu und erhalten "isch neiga" (sw), auf neuhochdeutsch "ist neigen". Schenken hatte früher eine eingeschränkte, ursprüngliche Bedeutung und meinte "einschenken von Flüssigkeiten aus einer Kanne". Man neigte also die Kanne oder den Krug und die Flüssigkeit floß heraus.

Scheiß: Wir trennen in "Isch-heiß" (sw), auf neuhochdeutsch "ist heiß". Wir erinnern uns hierbei an Erzählungen vorhergegangener Generationen: Noch in den Fünfzigerjahren des zwanzigsten Jahrhunderts waren die einfachen Leute in Schwaben so arm, daß sie für Schuhe für die Kinder kein Geld hatten. Die Kinder liefen deshalb im Sommerhalbjahr, also von April bis Ende September, barfuß. Bei kalten Wetter stellten sich die Kinder in frische Kuhfladen, um ihre Füße zu wärmen.

Schlaf: Wir setzen statt f ein b und erhalten "Isch-Lab" (sw), auf neuhochdeutsch "Ist Lab". Schlaf ist eine Erlabung oder ein Labsal. Wir ruhen uns im Schlaf aus, erholen uns und sammeln neue Kräfte.

schlagen: Wir trennen, setzen Vokale neu und erhalten in "ischlegen". Es ist schwer verständlich, daß sich schlagen in "ist legen" zergliedert. Aber wenn man mit der Hand oder einem Stock auf einen Gegenstand oder ein Lebewesen schlägt, legt man diese auf denselben, wenn auch ziemlich heftig. Wenn man das Verb "legen" weiter analysiert, wird die Bedeutung klarer.

Schlange: Wir trennen in "Isch-lange" (sw), auf neuhochdeutsch "Ist lange". Eine Schlange ist lang.

schlecht: Wir trennen, setzen zwei i ein und erhalten "Isch leicht" (sw), auf neuhochdeutsch "Ist leicht". Der abstrakte Begriff "schlecht" konnte zu Beginn nur in einer mengenmäßigen Relation ausgedrückt werden. Es war also etwas zu leicht und damit zu wenig, im Vergleich von "viel" oder "zuviel bekommen".

Schmerz: Wir trennen in "Isch mert(s)" oder "Isch Mord" (sw), auf neuhochdeutsch "Ist Mord". Auch "isch Mart(er)" (sw), auf neuhochdeutsch "ist Marter".

Schnee: Wir trennen in "Isch-ne(i)" (sw) oder auf neuhochdeutsch "Ist neu". Schnee verändert das Draußen in etwas völlig Neues. Siehe auch französisch "neige" für Schnee, gesprochen "näsche", getrennt in Silben und die Vokale anders gesetzt, ergibt sich "nei-isch" (sw), also umgekehrt wie "isch nei".

schreiben: Wir trennen in "Isch-reiben" (sw), auf neuhochdeutsch "Ist reiben". Es bedeutet etwas ritzen, eingravieren oder mit Kreide auf eine Tafel reiben.

Schritt: Wir trennen in "Isch-Ritt". Das Wort meint also "einen Ritt machen" oder "ein Vorankommen". *Ritt* und *Reiten* ist mit *Rad* verwandt und von der Rune Raidho abgeleitet. Es bedeutete ursprünglich eine Vorwärtsbewegung unabhängig vom Sitzen auf einem Pferd wie heute noch im Englischen bei dem Wort "to ride".

Schuh: Wir trennen in "Isch-U" (sw), auf neuhochdeutsch "Ist U". Die Sohle eines Schuhs hat die Form eines U's. Wir finden hier im Buchstaben U und noch mehr in der Rune Uruz ein Piktogramm für einen Schuh. Siehe auch das Wort "Tisch".

Schule: Wir trennen in "Isch-Ul(e)" (altd). Der Urlaut "Ul" bedeutet sowohl "alt" wie "weise". Früher waren die Alten gleichzeitig auch die Weisen. Man ging also zu den Alten und lernte von ihnen[11].

Schuld: Wir trennen in "Isch-Ul-d" (altd). Ul bedeutet hier "alt" im Sinne von "vergangen". Etwas Vergangenes belastet die Gegenwart.

Schutz: Wir trennen in "Isch-Utz" (sw), auf neuhochdeutsch "ist Utz". Utz ist ein männlicher Vorname und bedeutet "Kämpfer". Siehe auch den Eintrag *Utz*.

Schwalbe: Wir verdoppeln das w und machen aus dem zweiten w ein b: "Schw-b-Albe" oder "Schw-e-b-Albe". Ein Albe ist nach germanischem Volksglauben ein Geisterwesen oder Zwerg. Eine Schwalbe ist also ein schwebender Albe oder ein schwebender Zwerg.

Schwein: Wir trennen in "Isch-we-in" (altd), auf neuhochdeutsch "ist We in". Der Urlaut "We" bedeutet "weih", "geweiht" oder "heilig". Das Schwein war bei den alten Germanen ein heiliges Tier.

schwimmen: Schwimmen heißt auf schwäbisch/altdeutsch "schwema". Dies trennen wir in "(i)sch-we-ma" und finden hier gleich drei Urlaute vor: "isch" (is), "we" und "ma". Auf neuhochdeutsch bedeutet dies in etwa "Das ist ein geweihter Mensch". Man nahm also an, daß übernatürliche Kräfte im Spiel sein mußten, wenn sich jemand länger über Wasser halten konnte[12].

---

[11] Dies ist auch in dem Spruch "Was dem einen sin Ul, ist dem anderen sin Nachtigall" überliefert. Der Spruch bedeutet: "Der eine liebt die Wissenschaft, der andere die Kunst."

[12] Siehe die Erzählung "Jesus wandelt auf dem Meer" im Matthäus-Evangelium 14, 22.

schwul: Wir setzen hier statt w ein b, also "schbul" oder "Isch Buhl" (sw), auf neuhochdeutsch "ist der Buhle" oder "der Liebhaber (des anderen)". Wenn zwei Männer allzu freundschaftlich miteinander taten oder Zärtlichkeiten austauschten, sagte man: "Das ist der Buhle (Liebhaber) des anderen". Das alte, heute nicht mehr gebräuchliche Wort für "Geliebte"/"Geliebter" findet sich noch in einem alten Lied[13] und in dem Wort "Nebenbuhler".

Segen: Wir trennen die beiden Silben und erhalten "See-gen", also in den "See gehen". Segen bedeutet "in einer heiligen Quelle untertauchen" und dadurch selber "heilig" oder "gesegnet" sein.

Silvia: Silvia kommt aus lateinisch *Silva* und bedeutet "Wald". Wir trennen die Silben und erhalten "Sil-va", also "heilige Säulen". Den alten Germanen und - wie man hier sieht - auch den Latinern als Schöpfer der lateinischen Sprache war der Wald heilig.

Sohn: Sohn kommt von "Sonne". Kinder sind göttlichen Ursprungs.

sozial (die menschliche Gesellschaft, Gemeinschaft betreffend): Wir trennen die Silben und erhalten den schwäbischen Satz "so-d(a)ß-i-all", auf neuhochdeutsch "so daß ich all". Mich so verhalten, als ob ich als Person in allen anderen Menschen verkörpert wäre, das heißt sozial handeln.

spazieren: Wir trennen die Silben und erhalten "sch-schpatzieren". Also bedeutet es: "isch schpat zieren" oder auf neuhoch-

---

[13] Siehe hierzu das Lied "Der Winter ist vergangen", Strophe 2: "Ich geh ein Mai zu hauen hin durch das grüne Gras, schenk meinem Buhl die Treue, die mir die Liebste was", "Deutsches Wanderliederbuch, 1967", Möseler Verlag, Wolfenbüttel

deutsch "es ist spät (abends), zieren (gut anziehen) wir uns und gehen auf der Straße auf und ab, um gesehen zu werden.

Specht: Wir sprechen das Wort laut aus und trennen dabei die Silben: "Sch-pecht", "s'poch-t", oder "es pocht". Der männliche Specht hämmert im Frühling mit seinem Schnabel gegen Holz, um das Weibchen auf sich aufmerksam zu machen.

Spiegel: Wir trennen die Silben in "Sch-Pigel" oder "isch Pegel" (sw), auf neuhochdeutsch "Ist Pegel". Als es noch keine Spiegel aus Glas gab, hat man sich auf der Wasseroberfläche (Pegel) angeschaut bzw. gespiegelt.

Spiel: Wir trennen in "Sch-Piel" oder "isch-piel", setzen statt p ein b und tauschen das i in ein a. Wir erhalten: isch Ball. Das Ballspiel war also das erste Spiel.

Stadt: Wir trennen in "Sch-Tadt" oder "isch Tat" (sw), auf neuhochdeutsch "ist Tat". Eine andere Möglichkeit der Deutung ist das schwäbische Verb "schtadt". Es steht in der dritten Person Singular und heißt auf neuhochdeutsch "(es) steht."

Stall: Wir trennen in "Sch-tal" (sw), auf neuhochdeutsch "Ist Tal" oder auch "(in)s-Tal". Die Weidetiere wurden früher im Herbst von den Almen oder Alpen ins Tal gebracht, wo es milder und auch in der kalten Jahreszeit Futter zu finden war. Später wurde den Tieren dort ein überdachter Unterstand zur Verfügung gestellt: Der Stall.[14] Stall wird schwäbisch "Sch-tal" gesprochen, also lang wie das Wort "Tal", nicht kurz "Sch-tall" wie im Neuhochdeutschen.

---

[14]Im Allgäu und anderen Berggegenden ist dies noch heute so. Mitte September findet der "Almabtrieb" oder auf allgäuerisch die "Viehscheid" statt. Dabei wird Rindvieh "ins Tal" oder "en Schtall" getrieben.

steigen: Wir trennen in "sch-tei-gen" oder genauer "isch-dei-ge(he)n". Es heißt also auf neuhochdeutsch "ist Dei gehen". Wer steigt, kommt nach oben, also in die Nähe Gottes. *Dei* ist ein anderes Wort für Gott. Siehe auch Deo, Theo, Teut oder Daus.

sterben: Wir trennen in "is derben" oder isch-darben" (hungern), siehe auch englisch *to starve* für hungern. Diese Erklärung ist sehr interessant: Es gab möglicherweise eine Zeit, wo die Menschen nicht krank wurden oder alterten. Sie starben nur dann, wenn sie nichts mehr aßen. Eine andere Möglichkeit ist die Trennung in "scht erben", also: "mal still! Es gibt was zu erben."

stinken: Wir trennen in "ist oder isch denken" oder "ist dünken". Gerüche bringen eine Vielzahl von Informationen direkt ins Gehirn.

Strand: Wir trennen in "Is(t) Rand" oder "isch der Rand". Der Rand des Landes und der Küste ist gemeint.

Straße: Wir trennen die Silben in "(i)sch-Trasse". Trasse ist der Verlauf eines Verkehrsweges.

Streit: Wir trennen in "(I)sch-trei-it" (sw) oder auf neuhochdeutsch "ist treu nicht". Wer streitet, ist einander nicht treu.

Stuhl: Wir trennen in "Sch-t-uhl" oder "isch-d-Uhl" (altd) oder auf neuhochdeutsch "ist die Alte" oder "ist der Alte". Demnach saßen früher nur die Alten oder die Weisen auf Stühlen und hatten den Vorsitz am Tisch. Die anderen Teilnehmer saßen auf Hockern oder Bänken.

stumm: Wir trennen in "is(t) dumm" oder "isch-dumm". Man nahm an, die Ursache von Stummsein sei eine geistige Behinderung.

Tausend: Wir trennen in "Taus (Daus, Deos) end" oder "Gott am Ende". Am Schluß ist Gott. Siehe auch den Eintrag bei dem Wort "Dutzend".

Teufel: Wir trennen die Silben und setzen statt f ein b, also "Te-Ubel", das "Übel" oder das "Böse". Der Teufel ist das personifizierte Böse oder das böse Prinzip.

Tisch: Wir trennen in "T isch" (sw), auf neuhochdeutsch "T ist". T ist ein Piktogramm für Tisch.

Tod: Wir trennen in "t-Od" oder "zu Odin". Tod bedeutet demnach "Fahren wir zu Odin." Siehe auch Wörter wie *Paradies* oder englisch *to die*.

Trab: Trab ist lautmalerisch aus "Tab, Tab, Tab" abgeleitet. Wenn ein Pferd über einen festen Untergrund, im Besonderen über eine asphaltierte oder gepflasterte Straße trabt, hören wir ein rhythmisches "Tab, Tab, Tab". Das Wort für die Gangart Trab ist aus Tab gebildet und hat als zweiten Buchstaben ein R eingefügt, das - wie schon erwähnt - für fortgesetzte Wiederholung oder Rhythmus steht.

trocknen: Trocknen heißt auf altdeutsch/schwäbisch "trickna". Wir trennen dies in "trick-na" oder "druck nâ", auf neuhochdeutsch "drück hin". In Zeiten, als es noch keine Wäscheschleuder gab, mußte die nasse Wäsche ausgewrungen oder ausgedrückt werden, bevor man sie auf die Wäscheleine hängte.

(be)trügen: Wir trennen in "trü-gen" oder "Treue gehen". Trügen bedeutet demnach "die Treue geht" oder "die Treue ist verschwunden" oder "untreu sein".

Übel: Auf schwäbisch heißt Übel "Ibel". Wir trennen in "i Bel" oder "i Bal". *Bal* ist ein altorientalischer Gott, der mit Einführung des Christentums mit dem Bösen oder Teufel gleichgesetzt wurde.

Utz: Diesen männlichen Vornamen trennen wir in "U-tz". U oder die Rune Uruz steht in ihrer abstrakten Bedeutung für Urkraft und Vitalität. Das tz bedeutet "das ist". Also bedeutet der Vorname Utz "Das ist die Urkraft" oder "der ist stark" oder "Kämpfer".

Vater: Wir trennen die Silben in "Va-ter" oder "Fa-t-ar" und erhalten dabei die zwei Urlaute "Fa" und "Ar". Demnach heißt Vater "zeuge den Ar", ähnlich wie das Wort "Erbe" "trage den Adler (weiter)" bedeutet. Die frühen Zivilisationen identifizierten sich mit diesem Wappentier.

Wagen: Wir trennen in "Wa-gen", auf schwäbisch/altdeutsch "Wa-ga". Wir finden hier wieder einmal die beiden Urlaute "Wa" und "ga" vor. Das Wort "Wagen" bedeutet demnach "geweihtes Gehen" oder "heiliges Gehen". Der Grund ist folgender: Ein Wagen hat Räder. Bevor jedoch die ersten Räder gebaut wurden, gab es die Vorstellung eines Rades nur in Form des Sonnenrades. Die Sonne wurde aber als Gott, und zwar als Gott Ra angesehen. Deshalb war das Rad ursprünglich etwas Heiliges, das nicht entweiht oder für profane Zwecke genutzt werden durfte[15]. (Siehe auch den Eintrag bei *Rad*.)

---

[15] Bei den altamerikanischen Kulturen der Mayas und Azteken gab es aus diesem Grund keine Wagen oder Fuhrwerke, sondern nur menschliche Träger. Heutige Vertreter der Mayas widersprechen vehement der These, die Mayas hätten das Rad nicht gekannt: Sie hätten es sehr wohl gekannt, nur nicht benutzt, weil sie es als heilig ansahen. Es gab das Rad in der alten Mayakultur bei Spielzeug, was beweist, daß sie es kannten.

wahr: Es war, es ist tatsächlich passiert, also war. Dies bedeutet etwas Vergangenes, von dem man weiß, daß es passiert ist, also wahr ist.

Wein: Wir trennen den Doppelvokal EI in "We-in", also "We (Heiligkeit) ist darin". Alkoholische Getränke wurden früher bei religiösen Zeremonien gebraucht, wie es heute noch beim christlichen Abendmahl der Fall ist.

weiß/weise: Wir trennen den Doppelvokal EI in "we-is", also "heilig oder geweiht ist". Die Farbe weiß galt als heilig oder rein. Siehe hierzu auch den Eintrag bei *Rein*. Deshalb gibt es außer dem Wort weiß auch das Wort "weise" oder auch der *Weise*, welches eigentlich "Heiliger" bedeutet.

welch: Wir trennen die Konsonanten und erhalten "wel-ch" oder "wähl-ich" oder "will-ich". Es bedeutet, eine Auswahl treffen zwischen zwei oder mehr Alternativen.

Wirtschaft: Wir trennen in "Wir-t(un)-schaff(en)". Deshalb bedeutet das Wort "Wirtschaft" sowohl "Volks"- oder "Betriebswirtschaft", als auch "Gastwirtschaft" und "Gasthaus", wo ja auch geschafft wird.

Wort: Wort ist verwandt mit *wird* und *werden*. Am Anfang war das Wort, heißt es. Durch das Aussprechen oder Denken von Wörtern entstand die Schöpfung[16].

Zahl: Wir trennen in "Ts-al" oder "das ist all" oder "das All". Zahlen gehen von null oder eins bis unendlich. Sie umfassen da-

---

[16] Siehe "Das Evangelium des Johannes", 1,1-3: "Im Anfang war das Wort, und das Wort war bei Gott, und Gott war das Wort. Alle Dinge sind durch dasselbe gemacht, und ohne dasselbe ist nichts gemacht, was gemacht ist."

mit alles oder anders gesagt, alles kann auch durch Zahlen ausgedrückt werden.

zählen: Wir schreiben statt z ein ts und trennen in "ts-ellen" oder "Das Ellen". Die *Elle* (Unterarm) ist ein Maß. Mit der Elle stellte man die Länge fest.

Zeit: Wir trennen in "Ts-heit" oder "des heit" (sw), auf neuhochdeutsch "Das heute" oder "Das ist heute". Aus diesem Satz, der zu einem Wort zusammengefaßt wurde, entstand das abstrakte Substantiv Zeit.

Zeuge: Wir trennen und erhalten "Ts-Euge" oder "Das Auge" oder "Dies ist das Auge." Der (Zeuge)" oder "Das Auge" hat es gesehen.

Zeus: Der griechische Hauptgott Zeus wurde früher am Anfang mit einem T oder D geschrieben. Durch die Lautverschiebung wurde daraus ein Z. Zeus hieß also früher "Deus". (Siehe hierzu in dem Kapitel "Die Buchstaben in der Etymologie" unter dem Buchstaben Z.)

Zisterne: Wir trennen dieses Wort in "Ts-isch-sieh-Sterne" (sw), auf neuhochdeutsch "Das ist (wo man) sieht Sterne". Es gibt eine Theorie, wonach man vom Grund eines Brunnens auch bei Tage den Sternenhimmel sehen kann, da hier das Streulicht der Sonne ausgeschaltet sei. Die antiken Kulturen sollen aus diesem Grund die bereits sehr guten Kenntnisse der Astronomie gehabt haben. Ob diese Theorie stimmt und das Wort Zisterne für einen unterirdischen Wasserbevorratungsbehälter demnach hiervon hergeleitet wurde, lassen wir offen.

zivil: Wir setzen b statt v und erhalten "Ts-ibil" oder "Das Üble". Zivil wurde früher ausschließlich im Gegensatz zum Militärischen gesehen und bedeutete das Ungeordnete, Unorganisierte und Disziplinlose.

Zweig: Wir trennen den Doppelkonsonanten und erhalten "Ts-weich" (sw) oder neuhochdeutsch "das (ist) weich". Mit Zweig ist das Weiche, Biegsame eines Baumes im Gegensatz zum harten Holz gemeint.

zwischen: Wir trennen die Silben und erhalten "zw(e)i-isch-en" (sw), auf neuhochdeutsch "zwei ist in". Es bedeutet also etwas innerhalb von zweien. Siehe hierzu auch das Präfix "inter".

Bei der vorstehenden Wörteruntersuchung haben wir zwei neue Urlaute kennengelernt: *Ha* beim Wort "Haus", und *Us* bzw. *Os* bei "Haus" und "Reuße". Wie sich der Urlaut Ha herleitet, habe ich beim Eintrag *Haus* schon erläutert. Ich gehe nun auf den zweiten aufgefundenen Urlaut, den Laut Os, an dieser Stelle noch etwas genauer ein. Wie bereits erwähnt, bedeutet das schwäbische Wort "os" nicht nur "uns", sondern auch "wir". Der Urlaut Os ist - was seine Bedeutung betrifft - im Schwäbischen und in seiner Variante Us im Englischen bis in die heutige Zeit überliefert worden. Os kann jedoch in seiner Bedeutung "uns" bzw. "wir" unproblematisch auch aus den beiden Buchstabenbestandteilen O und S hergeleitet werden: O (Rune Othala) in seiner begrifflichen Bedeutung als "ererbter Besitz" und S (Rune Sowilo) in seiner zeitlichen Komponente "bestrahlt von der Sonne" ergeben zusammen "das unsere" und "wir".

Schlußbemerkung

In diesem Wörterverzeichnis habe ich die wichtigsten deutschen Wörter erläutert. Dieses Wörterverzeichnis ist ausdrücklich nicht vollständig. Es fehlen die von den besprochenen Wörtern abgeleiteten Wörter und Wortfamilien, Artikel, grammatische Beiwörter und viele andere. Dieses Buch ist kein Lexikon der Etymologie. Mit der im vorderen Teil gegebenen Handhabe zur Entschlüsselung von Wörtern hat jeder Leser die Möglichkeit, die ursprüngliche Bedeutung weiterer Wörter herauszufinden. Ein jedes Wort hat seine ureigene, besondere Entstehungsgeschichte und einen eigenen Entstehungszeitpunkt, die entdeckt werden wollen. Wörter entwickeln sich entweder früher oder später. Nicht alle Wörter sind am Beginn, also zum Zeitpunkt des Entstehens der Sprache, oder zur gleichen Zeit geschaffen worden. Es entstehen heute noch neue Wörter.

Wer an der Richtigkeit der im Wörterverzeichnis gegebenen Erklärungen zweifelt, und deshalb dem Herkunftswörterbuch des Duden den Vorzug gibt, dem sei gesagt, daß es hier in meinem Buch ausschließlich um die analytische Methode der Wortentschlüsselung geht. Diese ist für sich gesehen auf jeden Fall richtig, denn wenn sich ein mehrsilbiges Wort in einen Satz aus einsilbigen Wörtern zergliedern läßt, so steht dieser Satz so da und wird vom Hörer des Wortes auch als solcher verstanden, ob bewußt erfaßt oder unbewußt/intuitiv. Denn wenn wir einen Satz aus einsilbigen Wörtern hören, so vermitteln uns diese Wörter ihre Bedeutung und raunen sie uns sozusagen zu. Wie bei einzelnen Wörtern des Wörterverzeichnis erwähnt, gibt es mehrere Deutungsmöglichkeiten für die Wörter. Dies heißt, ein mehrsilbiges Wort oder ein Wort, das aus mehreren Konsonanten hintereinander besteht, kann auf beliebige Weise getrennt werden bis ein sinnvoller Satz entsteht. Durch unterschiedliche Trennung ergeben sich unter Umständen zwei verschiedene Sätze mit verschiedenen Bedeutungen, die beide den Begriff erhellen und daher beide richtig sind.

Neben den im Wörterverzeichnis aufgeführten Wörtern, die synthetisch gebildet wurden, gibt es lautmalerische Wörter, die den Klang des zu beschreibenden Begriffs akustisch "abbilden" oder "nachbilden" sollen. Hierunter fallen Wörter wie "plätschern", "pochen", "ticken", "weinen", "klirren", "donnern", aber auch "Klang", "Krähe" und ähnliche. Ob diese Wörter oder andere lautmalerische Wörter gleichzeitig die in den Kapiteln 1 bis 3 aufgestellten Kriterien der synthetischen Wortbildung erfüllen, ist eine interessante Frage. Wenn uns klar wird, daß ein Wort nur dann unmittelbar aus der Naturanlage heraus verstanden werden kann, wenn es aus den mit Begriffsbedeutungen versehenen Buchstaben zutreffend bzw. richtig zusammengesetzt ist, muß dies eigentlich auch für lautmalerische Wörter gelten. Hier aber schließt sich der Kreis, wenn wir uns fragen, was zuerst da war: Der Laut in der Natur oder das diesen Laut akustisch abbildende Wort mit einer Buchstabenverbindung, die bei einer Analyse dieser Buchstaben nach den in diesem Buch aufgestellten Regeln ebenfalls zum entsprechenden Begriff führt.

Ich möchte dies hier nicht weiter ausführen, das dies der freien Spekulation zu sehr Raum geben würde. Wir befassen uns nun nach Abschluß der Untersuchung neuhochdeutscher Wörter mit den noch offenen Fragen und hier zunächst mit dem Entstehen der Grammatik und der grammatischen Regeln.

Kapitel 7

♦

Die Entwicklung der deutschen Grammatik

Allgemeines

Grammatik ist ein System, das die Wörter in Kategorien einteilt. Sie teilt die Wörter in Hauptwörter (Substantive), in Zeitwörter (Verben), in Eigenschaftswörter (Adjektive). in Umstandswörter (Adverbien) und in Beiwörter (Präpositionen) ein. Auf diese Weise regelt die Grammatik die Stellung des Wortes im Satz, bestimmt, was Subjekt, Prädikat und Objekt ist und beugt das Wort. Beugen bedeutet, das Wort in einen Fall einteilen oder anders gesagt, die Stellung des Objekts zum Subjekt im Sinne der Frage von Was, Wen, Wem und Wessen. Die Grammatik wurde allmählich aus der Protosprache entwickelt. Zunächst brauchte man sie nicht, denn in einer Gesellschaft, wo jeder den anderen kannte und die notwendigen Güter in einem auf Tradition fußenden Wirtschaftsprozeß herstellt wurden, somit festgefügte Verhaltensweisen den Tagesablauf vorschrieben, brauchte es nur wenige Worte.

Ich erläutere nun die oben aufgezählten Wortkategorien in dieser Reihenfolge:

Hauptwörter (Substantive)

Aus den frühen Wörtern, als da sind die einsilbigen Urlaute und die anfänglich zweisilbigen Wörter, für die es noch keine Grammatik gab und die noch nicht in Kategorien eingeteilt waren, wurden Hauptwörter geschaffen, indem man sie mit einem Artikel verband. Dieser Artikel war anfangs nicht männlich, weiblich oder sächlich, wie im heutigen Deutschen mit den Artikeln "der", "die", "das". Es gab nur einen Artikel, der in etwa "de", "die", "d" oder "t" lautete, so wie im Englischen mit dem *the* noch heute. Dieser Artikel stand am Anfang nicht vor dem Hauptwort, sondern dahinter und wurde an das Wort angehängt, stand also nicht separat. Wir sehen das heute noch an Wörtern wie *Magd*, *Macht*, *Rat*, *Schuld* und anderen.

Hauptwörter, auch "Dingwörter" bzw. Substantive genannt, sind Wörter, die Substanz haben, einen Gehalt oder Stoff, also ein Ding oder eine Sache bezeichnen. Dabei taucht ein sehr seltsames Phänomen auf. Es gibt nämlich auch Hauptwörter, die das gerade nicht tun, sondern abstrakte Begriffe sind. Man kann statt abstrakter Begriff auch "Gedankending" sagen. Diese Wörter, die ein Gedankending bezeichnen, sind unter anderem die vorne genannten Wörtern Macht, Rat und Schuld. Eingeschränkt gilt dies auch für das Wort Magd.. Um solche Wörter, die keinen Gegenstand bezeichnen, der "angefaßt" werden kann, trotzdem als Hauptwort im Satz zu erkennen, schreibt man Hauptwörter groß und gesellt ihnen einen Artikel bei, der heutzutage vor dem Wort steht. Denn nur wenn die Hauptwörter als wichtigste Wörter im Satz deutlich als solche ausgewiesen werden, kann der Satz rasch und unproblematisch verstanden werden. Mit dem Artikel erhielten die Hauptwörter gleichzeitig ein "grammatisches Geschlecht", das ihre Bedeutung zusätzlich auf geheimnisvolle Weise zu interpretieren scheint.

Ich erläutere zum Abschluß dieses Themas noch das Wort "Macht", da dieses im Wörterverzeichnis nicht aufgeführt ist:

Macht ist von dem Zeitwort bzw. Verb "machen" abgeleitet, das erst im Folgenden auf seine Entstehung hin genau erklärt wird. *Machen* bedeutet im eigentlichen Sinne "Mann kann". *Macht* ist das aus diesem Verb gebildete Substantiv mit derselben Bedeutung "Mann kann", das hier einen abstrakten Begriff oder auch ein "Gedankending" bezeichnet. *Mann kann* bedeutet in diesem Sinne jemand, der die Möglichkeit hat, etwas zu tun oder zu bewirken. Näheres folgt in dem Unterkapitel über die "Zeitwörter".

Zeitwörter (Verben)

Wir behandeln nun die Entstehung der Verben etwas genauer. Es stellt sich hier die Frage, sind Verben schon abstrakte Begriffe? Wir erinnern uns an die Definition eines abstrakten Begriffes als etwas Dingloses, das nicht mit den Sinnen erfaßt werden kann. Das in einem Verb Beschriebene ist, wie für abstrakte Begriffe typisch, kein Gegenstand und kann nicht angefaßt werden. Im Unterschied zu echten abstrakten Begriffen, die man nur denken kann, beschreibt ein Verb jedoch etwas, was man tun kann oder etwas, das man sehen oder hören kann. Verben nennt man auf Deutsch Zeitwörter oder Tätigkeitswörter.

Die ersten Verben haben wir in der Abhandlung über Urlaute im 2. Kapitel kennengelernt. Es handelt sich um "Fa" und "Is". Diese ersten Verben unterscheiden sich von den heutigen Verben dadurch, daß sie noch keine ausführende Person benötigen, die etwas tut. *Fa* meint Erzeugen zu einem Zeitpunkt, als es noch keine Subjekte im Sinne einer handelnden Person gab. Es bedeutete ursprünglich ein Selbstentstehen aus einem Gedanken oder aus einem Energiemuster, so wie die Fee sich aus einem Geistwesen (einer Idee) materialisiert, also "wird".

Is ist das Sein schlechthin, also das Existieren in der Zeit. Das Verb "Sein" ist noch kein Tätigkeitswort im eigentlichen Sinne, denn hier existiert etwas nur, ohne daß dieses Wesen bereits eine Handlung ausführt.

Außer diesen beiden Urlauten gibt es weitere Urlaute, auf die die Bezeichnung Verb zutrifft. Wir haben einen davon bei dem Beispiel "Gaul" kennengelernt. *Ga* ist ein Urlaut und beschreibt die Tätigkeit des Gehens. Dieser Begriff meint nicht nur die Ausführung von Schritten durch den menschlichen Körper, sondern hat unter anderem auch die zeitliche Komponente des Weggehens und Verschwindens durch diese ausgeübte Handlung im Sinn. Es ist möglich, daß die Vergangenheitsform bei den Verben am Anfang durch den Urlaut "Ga" oder "Ge" gebildet wurde. Wie in dem Beitrag "Die Entstehung abstrakter Begriffe" erläutert, kann ein abstrakter Begriff nicht von sich aus geschaffen werden. Die Vergangenheitsform von einem Tun ist jedoch etwas Abstraktes. Wenn ich etwas gesagt oder gesehen habe und diese Tätigkeit vorbei ist, dann ist sie nicht mehr. Ich kann sie auch nicht mehr sehen oder hören. Sie existiert noch in der Erinnerung und den Gedanken oder im Ergebnis des Tuns. Vergangenheit ist also etwas Dingloses. Wie drücke ich aus, daß eine Tätigkeit vorbei ist? Ich mache dies zunächst mit den mir bekannten Wörtern. Ich nehme also hilfsweise den Urlaut Ga in seiner zeitlichen Komponente. Ich verweise in diesem Zusammenhang auf Altdeutsch/Schwäbisch. Im Schwäbischen gibt es nur eine Vergangenheitsform, das Perfekt. Dieses wird durch "haben" oder "sein" in Verbindung mit einem Partizip gebildet, dem die Silbe "ge" vorangestellt wird. Als Beispiel dient der Satz "Ich habe gesehen" oder auf schwäbisch "I hau gsea". Die Frage stellt sich, ob die Vorsilbe ge (bei der schwäbischen Variante ist das e bei ge verschluckt worden) nicht nur im Wortlaut, sondern auch in der Bedeutung identisch ist mit dem Urlaut Ga/Ge. Sie meint dann die oben erwähnte zeitliche Komponente dieses Urlauts, nämlich die des Weggehens und Verschwindens. Ich sehe also nicht mehr, sondern dieser Vorgang des Sehens ist "weggegangen", also "geh" oder "ga(u)" und also nicht mehr da oder eben "vergangen" Siehe hierzu das Wort "Vergangenheit" als Zeitform in der Grammatik. Wenn wir unseren Gebrauch der Sprache beobachten, stellen wir fest, daß der Satz "Ich gehe" sowohl bedeuten kann, ich mache Schritte auf dem Erdboden, wie auch ich bin dann weg. Das Verb ga (englisch "to go") hat also eine besondere Bedeutung für die Entstehung der Wörter und der Sprache.

Eine frühe Zukunftsform, die heute noch verwendet wird, wird mit dem Urlaut Ga gebildet. Man sagt "ich gehe" oder schwäbisch "i ga(ng)" oder "i gau" und schließt ein Verb an, zum Beispiel das Verb "einkaufen". "Ich gehe einkaufen" oder sogar "Ich gehe radfahren", was eigentlich ein Widersinn ist, hier aber nur bedeutet, daß man demnächst etwas mit dem Fahrrad herumfahren will. Da hier die Zukunft gemeint ist, ist mit "gehen" eigentlich "werden" gemeint. Ga heißt also auch "werden". Man sieht hier wieder, welche Bedeutung der Urlaut Ga mit seiner zeitlichen Komponente für die Grammatik hat. Inwieweit der Urlaut Ga durch die den beiden Buchstaben G und A zugrundeliegenden Begrifflichkeiten erkennen läßt, daß Gehen gemeint ist, darüber darf vom Leser frei spekuliert werden.

Verben entstehen ebenso aus Urlauten wie Substantive aus Urlauten entstehen. Wir haben in der Untersuchung der Wörter das Verb "fahren", schwäbisch "fahra", das aus zwei Urlauten besteht, nämlich *Fa* und *Ra*, bereits kennengelernt. Ein weiteres Verb ist *helfa* (sw), auf neuhochdeutsch "helfen", das ebenfalls im Wörterverzeichnis erläutert wurde. Es bedeutet "heil machen".

Es folgen nun als Nachtrag zum Wörterverzeichnis einige weitere Verben, die aus Urlauten entstanden sind:

Geben: Geben heißt auf schwäbisch/altdeutsch "geba". *Geba* besteht aus den beiden Urlauten "Ge"/"Ga" (gehen) und "Ba" (tragen). Gehen und etwas tragen bedeutet, ich bringe etwas an einen anderen Ort zu einer Person, ich gebe es ihr.

Neigen: Im Verzeichnis der untersuchten Wörter steht das Wort "schenken". Schenken bedeutete ursprünglich "isch neigen" und meinte, eine Flüssigkeit einschenken. Wir analysieren nun das Verb "neigen", schwäbisch/altdeutsch "neiga". *Neiga* besteht aus den beiden Urlauten "Nai" und "Ga", bedeutet also auf neuhochdeutsch "hinein gehen". Wenn ich etwas neige, nämlich ein Gefäß mit einer Flüssigkeit, fließt die Flüssigkeit heraus. Ich fülle ein Glas oder meinen Mund mit dieser Flüssigkeit, indem ich sie hineinfließen lasse. Ich lasse also etwas "hineingehen" oder schwäbisch "nei-ga(u)".

Machen: Machen heißt auf schwäbisch/altdeutsch "macha". Dieses Wort enthält in der Mitte den CH-Laut, den es im lateinischen Alphabet und im Runenalphabet nicht gibt. Wir behelfen uns statt Ch mit K und sprechen *macha* "maka" aus . Wir trennen nun die Silben und erhalten "ma-ka" oder "Mâ kâ". *Mâ kâ* ist schwäbisch und heißt auf neuhochdeutsch "Mann kann". "Der Mensch kann es" bedeutet machen. Wir lernen hier einen weiteren Urlaut kennen, den Laut "ka", auf schwäbisch "kâ". *Ka* bedeutet ganz allgemein etwas gemäß den Schlüsselwörtern *Kien, Kennen, können, Kenntnis* und *Kunst.* Aus den Buchstaben K und A läßt er sich leicht herleiten. Der Buchstabe K (die Rune Kenaz) meint in seiner begrifflichen Bedeutung "kontrolliertes Feuer" oder "Fackel". Ein Feuer zu entzünden, war die erste Kunstfertigkeit, die den Menschen vom Tier definitiv unterschied. Ka ist also die "von göttlichem Odem (von Gott) inspirierte Kunstfertigkeit".

Trinken: Ein weiteres Beispiel für ein Verb mit der Ursilbe "Ga" ist das Verb trinken. Auf schwäbisch/altdeutsch heißt *trinken* "drenga", in Silben getrennt "dren-ga", also eigentlich "drenei gau" oder auf neuhochdeutsch "da rein gehen". Es bedeutet also "etwas hineingehen lassen in den Mund".

Fragen: Ein besonders schönes Verb, das mit dem Urlaut "Ga" gebildet wird, ist das Verb fragen. *Fragen* heißt auf schwäbisch/altdeutsch "frauga". Wir trennen in "Frau-ga(u)", also "zur Frau gehen". Wer etwas nicht weiß, nicht findet, nicht kann, nicht machen will, geht zu seiner Frau und fragt sie, was zu tun ist oder ob sie es macht.

Haben: Haben heißt auf schwäbisch/altdeutsch "haba" oder abgekürzt "han" oder "hau". Mit Hilfe der bekannten Urlaute "Ha" und "Ba" können wir die Bedeutung leicht selbst herleiten. Es bedeutet hiernach "etwas in eine Umzäunung (ha) hineintragen (ba) und auf diese Weise in Besitz nehmen".

Saufen: Saufen lautet auf schwäbisch/altdeutsch "saufa". Wir trennen in "Sau-fa". Es bedeutet demnach "eine Sau machen", also entweder wie ein Tier mit dem Mund ins Wasser getaucht trinken oder durch das Trinken von Alkohol wie ein Tier werden.

Raffen: Raffen heißt auf schwäbisch/altdeutsch "rafa", in Silben getrennt "ra-fa". Es bedeutet "den Ra machen", also die Macht ausüben im Sinne von alles an sich reißen.

Es folgen einige Sätze zu der Entstehung der Zukunftsformen bei den Verben. In der gesprochenen Sprache behilft man sich beim Ausdrücken eines in der Zukunft gelegenen Vorgangs mit der Gegenwartsform. Wenn ich sage, ich gehe nach Hause, dann weiß der Adressat dieses Satzes, was gemeint ist. Entweder sitze ich noch mit ihm am Tisch und drücke meine Absicht aus, demnächst zu gehen. In diesem Fall ist die Zukunft gemeint. Oder ich treffe denjenigen, zu dem ich den Satz sage, unterwegs, während ich nach Hause gehe. Dann sieht der Adressat des Satzes, daß ich schon unterwegs bin. Jetzt ist also die Gegenwart gemeint. Praktischerweise behilft man sich mit dem Voranstellen einer Zeitbestimmung wie *morgen, heute Abend, bald* und andere vor der Gegenwartsform des Verbes, um die Zukunft auszudrücken und die zeitliche Komponente, wann etwas passiert, klarer zu machen. Erst als schriftliche Aufzeichnungen und Literatur aufkamen, mußte eine Zukunftsform geschaffen werden, da in diesem Fall nicht wie in der Wirklichkeit durch den Augenschein klar wird, was gemeint ist. Es gibt also einen Unterschied zwischen gesprochener Sprache und Schriftsprache. Spreche ich, so befinde ich mich mit meinem Gesprächspartner in der Wirklichkeit, im Heute. Hier genügen einfache Sätze, da die Umgebung, in der sich die beiden Sprechenden befinden, eindeutig macht, was mit den gesprochenen Wörtern gemeint ist. Erzählungen, Dichtung, Berichte müssen die Umgebung, den Ort und die Zeit, beim Schreiben oder Sprechen mit abbilden, damit verstanden wird, was gemeint ist. Es waren die Dichter, die die frühe Sprache zu so komplexen Sätzen weiterentwickelten, daß eine Schriftsprache daraus wurde. Schriftsprache, also das heutige Neuhochdeutsch und die frühe gesprochene Sprache unterscheiden sich aus diesen Gründen deutlich.

Ich schließe diese Abhandlung über Verben mit einer Aufzählung der nunmehr bekannten Urlaute der Übersichtlichkeit halber in alphabetischer Reihenfolge:

Ar = Wesen, das auf dem Wind reitet, Greifvogel
Ba=tragen
Fa=machen, erzeugen
Ga=gehen
Ha=umhegter, heiliger Bereich oder Bezirk

Is= ist oder Sein
Ka=können
Ma=Mann, Mensch
Na=hinab, hin, jetzt, dann, hinein, nah und nein
Os=uns, wir (siehe auch englisch "us")
Re=Sonne/Gott, herab
Ul=alt und weise
Wa=heilig, geweiht

Eigenschaftswörter (Adjektive)

Ein Adjektiv, auf deutsch "Eigenschaftswort", spricht einem Subjekt eine bestimmte Eigenschaft zu. Die ersten Adjektive waren bei den Urlauten schon vorhanden. Solche sind zum Beispiel *ul* (alt, weise) und *wa* (heilig, geweiht).

Adjektive entstehen auf ganz einfache Weise aus Hauptwörtern, indem man das Personalpronomen "ich" anhängt. Es handelt sich dabei um Wörter wie *lustig, heilig, traurig, hastig* und viele andere. Diese sind aus den Wörtern "Lust", "Heil", "Trauer" und "Hast" entstanden. Mit dem Pronomen "ich" bezieht man das Hauptwort auf die Person, auf sich selbst als eine Eigenschaft und erhält durch Zusammenschreibung statt des Satzes ein neues Wort, ein Adjektiv.

Es gibt Adjektive, die nicht auf "ich", sondern auf "lich" enden, zum Beispiel das Wort "fröhlich". Eines dieser auf "lich" endenden Adjektive habe ich im Wörterverzeichnis bereits behandelt, das Wort "ähnlich". Adjektive, die zusätzlich ein l vor dem "ich" enthalten, scheinen demnach aus einem Hauptwort in der Verkleinerungsform entstanden zu sein, wie bei *ähnlich* durch das "Ähnle". Das Wort "fröhlich" kommt demnach von *froh*, welches zwar selbst ein Adjektiv ist, aber auch als Hauptwort existiert. *Froh* bedeutet groß geschrieben den nordgermanischen Gott "Fro" bzw. "Froh", der in der Verkleinerungsform "Fröhle" lautet. *Fröhle* ist übrigens in Schwaben ein Familienname. *Fröhlich* heißt demnach "Fröhle ich" oder "ich bin ein kleiner Gott Froh".

Manche Adjektive enden auf "isch". Ich zähle einige auf: *kommunistisch, sozialistisch, automatisch, demokratisch* und *phantastisch*. Wir trennen in "Kommunist isch", "Sozialist isch", "Automat isch", "Demokrat isch", Phantast isch". Es handelt sich hier um Bildungen aus Hauptwörtern mit Personenbezug, also aus Hauptwörtern, die eine Person in ihrer Eigenschaft oder politischen Einstellung schon bezeichnen. Durch das Anhängen der Endung "isch" (neuhochdeutsch "ist") bezieht man dieses Hauptwort auf eine konkrete Person oder Sache: "Er ist Kommunist" oder auf schwäbisch "(der a) Kommunist isch". Durch die neuen Endungen mit dem schwäbischem Wort "isch" sind neue Eigenschaftswörter entstanden, die dafür gebraucht werden, Subjekten, die keine Personen sind, mit einer Eigenschaft zu versehen: Die kommunistische Partei oder die sozialistische Partei etwa.

Viele Adjektive entstehen aus Verben, indem man die Vergangenheitsform des Partizip Perfekts auf ein Subjekt bezieht. Beispiele hierfür sind die Wörter "*geweiht*", "*gesalzen*" und "*geräuchert*".

Und wie andere Wörter auch, entstehen Adjektive aus altdeutschen Sätzen. Es handelt sich dabei oft um Adjektive, die uns heute als Fremdwörter erscheinen, obwohl sie aus schwäbischen Sätzen entstanden sind. Beispiele hierfür habe ich im Wörterverzeichnis aufgeführt, nämlich *brachial* (brech i all), *liberal* (lieber all) und *sozial* (so daß i all).

Das Wort "finster", eigentlich "öffne's Tor", ist ein Adjektiv, das im Wörterverzeichnis ebenfalls genannt wird. Man stelle sich folgendes vor: In Schwaben und auch in anderen deutschen Landschaften haben Scheunentore im Torflügel zusätzlich eine Türe, durch die man die Scheuer betreten kann, ohne das ganze Tor zu öffnen. Auch aus den angebauten Ställen und Wohnhäusern gibt es Verbindungstüren. Wenn man durch diese Türen die Scheune betritt, ist es dunkel, weil dieses Nebengebäude im Regelfall keine Fenster hat. Bevor das elektrische Licht eingeführt wurde, mußte man das Tor öffnen, um wirklich etwas zu sehen. War das Licht zu schlecht, gab man dem Knecht die Anweisung "öffne's Tor". Dieser Satz kann so ausgelegt werden, daß es dämmerig oder dunkel ist. Warum aus dieser Anweisung ein Adjektiv wurde, ist rätselhaft. Es scheint, als ob ein Beobachter dies mißverstanden hätte und das Wort aufgeschrieben hätte, ohne Vokale und mit dem Begriffsinhalt "dunkel". Dieses schwer zu erklärende Phänomen wird uns bei der Erforschung der Entstehungsgeschichte von Wörtern noch häufig begegnen.

Adverbien und Präpositionen

Adverbien wurden erst spät als eigene Wortklassen erkannt und dementsprechend eingestuft. Wie sind diese Wörter entstanden? Sie entstanden, als es einen Bedarf für diese Wörter gab. Die ersten Adverbien oder auf deutsch Umstandswörter waren jedoch mit den Urlauten schon vorhanden: "Na" und "Ra". Na und ra sind schwäbische Adverbien. Sie gehören zum Verb und bedeuten auf neuhochdeutsch "hi**na**b und "he**ra**b". Beide neuhochdeutsche Wörter enthalten die Urlaute in ihrer Mitte. Sie sind in diesem Text fett gedruckt. Bei *Na* und *Ra* erkennen wir von selbst, wie diese Wörter entstanden sind. Wenn wir nämlich die Runen

Naudhiz und Raidho betrachten, mit denen beide Urlaute direkt in Verbindung stehen, so erkennen wir in dem abfallenden Querstrich bei Naudhiz, ebenso wie beim Buchstaben N, deutlich die damit verbundene Vorstellung einer Abwärtsbewegung. Gleiches gilt für die Rune Raidho und den Buchstaben R. Hier scheint ein Etwas aus einem Pool oder einer Quelle von oben herab zu fließen, welches mit dem im 45-Grad-Winkel verlaufenden Abwärtstrich zum Ausdruck gebracht wird.

Ein frühes Adverb bzw. eine frühe Präposition ist das Wort "vor". Wie bereits im Wörterverzeichnis erwähnt, entwickelte sich dieses Wort aus den beiden Urlauten "Fa" und "Ra", welche zu "fahra" und in diesem Sinne zu einer gerichteten Bewegung wurden, die als Ergebnis zu einer Ortveränderung führte. Das altdeutsche/schwäbische Wort für *vor* lautet "fire" oder "furre".

Bestimmte und unbestimmte Artikel

Die Artikel bildeten sich, als die Protosprache sich zum Altdeutschen weiterentwickelte. Wie ich in dem Aufsatz über Hauptwörter geschrieben habe, tauchten die ersten Artikel in Form eines D oder T (Rune Thurisaz) im Zusammenhang mit der Bildung der ersten Hauptwörter zum Zwecke der deutlichen Unterscheidung und Bezeichnung als eigentliches Hauptwort auf und wurden zunächst an das Wort angehängt und mit diesem zusammengeschrieben. Diese frühen Artikel gerieten dann in Vergessenheit, weil sie an das Wort angehängt waren und als Bestandteil des Wortes gesehen wurden. Nicht in Vergessenheit gerieten jedoch die auf diese Weise geschaffenen Hauptwörter und auch nicht die Idee der Artikel und ihre Funktion. Die Artikel wurden neu geschaffen als eigenes Wort in der Funktion als Begleiter eines Substantivs bzw. Hauptworts.

Die ersten Artikel begannen mit dem Buchstaben D, im Englischen mit einem th, wie es dem Lautwert der Rune Thurisaz entspricht. Wenn wir darauf achten, wie wir im Deutschen ein D sprechen, so finden wir heraus, daß das D am Beginn eines Wortes mal härter und mal weicher gesprochen wird. Das schwäbische Wort "Dag" (neuhochdeutsch "Tag") wird weich gesprochen, Wörter wie *Dorn, Delle, dies, du, da, dumm* und andere werden mit einem härteren D gesprochen. Was ich damit sagen will: Es gibt bei den Runen des älteren Futharks Runen mit scheinbar gleicher Lautbedeutung im Deutschen, wie zum Beispiel die Runen Thurisaz und Dagaz. Dies ist aber eben nur scheinbar so. Es gibt hier leichte Unterschiede in der Aussprache des D, die im Englischen mit dem Th deutlicher werden. Wörter gleicher Abstammung, die im Englischen mit ein Th anlauten, im Deutschen aber mit einem D, wie dies bei Dorn und der, die, das der Fall ist, leiten sich von der Rune Thurisaz ab, welche einen anderen Sinngehalt hat als die Rune Dagaz. Thurisaz bedeutet Dorn oder Hammer, also etwas wie ein Stich oder Schlag, etwas Heftiges, das wir spüren und das uns auf etwas aufmerksam machen will. Wörter, die wir im Deutschen mit einem härteren D aussprechen, sind solche, die auf etwas aufmerksam machen wie die bestimmten Artikel und die Demonstrativpronomen. Aber auch Wörter wie *Delle* oder *Dorn* enthalten die Bedeutung der Rune Thurisaz.

Die ersten bestimmten Artikel mit einem D als Anfangs- oder alleinigem Buchstaben sind also ein Hinweis. Man will mit ihnen auf das Hauptwort im Satz hinweisen, deshalb die harte Tonart und der "Stich". Später differenzierte man diesen Artikel im Deutschen nach Geschlecht und erhielt schwäbisch/altdeutsch *dr, d, ds*, auf neuhochdeutsch *der, die, das*.

Der unbestimmte Artikel ist im Altdeutschen/Schwäbischen das
Wort "a". Es wird kurz und unbetont gesprochen, wie der englische unbestimmte Artikel "a". Der unbestimmte Artikel "ein" ist
im Neuhochdeutschen scheinbar ein Zahlwort und ähnelt der Zahl
"eins". Im Altdeutschen/Schwäbischen ist das Zahlwort "ois"
aber deutlich verschieden von dem unbestimmten Artikel a. Wir
kommen in diesem Zusammenhang nun zu einem neuen Kapitel,
worin wir uns mit Zahlen befassen.

Kapitel 8

♦

Das Rätsel der Zahlen

Wenn wir im Herkunftswörterbuch des Duden nachschlagen, um herauszufinden wie Zahlwörter entstanden sind, lesen wir:

ein: Das *germ.* Zahlwort *mhd., ahd.* ein, *got.* ains *aeng.* ān, *schwed.* en geht mit gleichbed. *lat.* unus, *griech.* oínē "Eins auf dem Würfel" und entsprechenden Wörtern anderer *idg.* Sprachen auf *idg.* *oi-no-s "eins", zurück, eine Bildung zum Pronominalstamm *e-, *i- (vgl. *er*).

zwei: Die heute übliche Form geht auf die sächliche Form *mhd., ahd.* zwei zurück. Nur noch *mdal.* gebräuchlich sind die alte männliche Form zween (*mhd., ahd.* zwēne) und die alte weibliche Form zwo (*mhd., ahd.* zwō, zwā). Die Form 'zwo' wurde im 20. Jh. aus Deutlichkeitsgründen neu belebt, um Verwechslungen von 'zwei' mit dem gleich auslautenden 'drei' zu verhindern. Das Zahlwort ist *gemeingerm.* vgl. noch *got.* twai, twōs, twa, *engl.* two, *schwed.* twå. Es beruht auf *idg.* *duō[u], *duai "zwei". In anderen *idg.* Sprachen sind z.B. verwandt *aind.* dvau "zwei", *griech.* dýo "zwei" (↑*di...*, *Di...*), *lat.* duo "zwei" (s. das Fremdwort *Duo*).

Die beiden Zahlwörter "eins" und "zwei" sind nach diesem Eintrag im Duden aus den indogermanischen Zahlwörtern "oi-no-s" und "duou" bzw. "duai" entstanden. Wir sind hier demzufolge wieder bei dem sagenhaften Indogermanischen angelangt, das vor

allem anderen eine Theorie der Sprachwissenschaftler des 19.
Jahrhunderts darstellt und für das es keine Schriftzeugnisse gibt.
Die Rückführung der beiden Zahlen eins und zwei, die wir hier
als Beispiel genommen haben, auf indogermanisch gibt uns keine
Antwort darauf, weshalb der Schöpfer der beiden Zahlwörter gerade diese Laute für die Zahlen eins und zwei in ihrer begrifflichen Bedeutung als abstrakte Objekte, die eine Größenordnung
ausdrücken, wählte.

Wie kann man Wörter für die Zahlbegriffe "eins", "zwei",
"drei" usw. finden, die in ihrem Laut der begrifflichen Bedeutung
entsprechen, wie dies bei anderen Wörtern ja der Fall ist und ich
das in diesem Buch aufgezeigt habe? Das Herkunftswörterbuch
des Duden verweist der Einfachheit halber auf Wörter in einer
sehr alten Sprache, von denen unserer Wörter herstammen sollen.
Könnte aber Indogermanisch nicht eventuell sogar Altdeutsch
gewesen sein? Dann ist die Erklärung des Duden keine Erklärung, sondern man geht sozusagen im Kreis.

Ich persönlich bin der Meinung, daß Zahlwörter nicht willkürlich entstanden sind, mit willkürlich meine ich, daß eine Person
ein paar Buchstaben nach Geschmack zusammenmischte, sondern auf eine natürliche Art und Weise. Dies stelle ich mir so vor,
daß zunächst Wörter, die schon im Gebrauch waren, für die abstrakten Begriffe der Zahlen verwendet wurden, um sie benennen
und um zählen zu können. Man könnte zum Beispiel ein Wort,
das einen Begriff umschreibt, den es nur einmal gibt, für die Zahl
eins nehmen. Zu nennen wäre hier das Wort "Sonne" oder
"Mond". Für die Zahl zwei käme in Betracht "Paar", "Ehe",
"Hände" oder "Füße", also Dinge oder Sachen, die immer zwei-
fach auftreten. Bei den folgenden Zahlen würde das aber immer
schwieriger, da von den anderen Dingen meistens nur noch viele
vorhanden sind. "Drei" wäre mit "Mutter, Vater, Kind" oder
"Familie" gerade noch zu umschreiben, "vier" mit Hilfe der vier
Himmelsrichtungen oder des Quadrats und "fünf" durch eine
Hand oder eine Blume mit fünf Blütenblättern.

Wir kennen aus unserer Kindheit Abzählreime, etwa "Ene, mene, mu" oder "ich und Du, Müllers Kuh, Müllers Esel, der bist Du". Statt mit Zahlen zu zählen, wählen Kinder bei bestimmten Spielen durch einen solchen Abzählreim ein Kind für eine Aufgabe oder Rolle aus. Ich könnte mir vorstellen, daß unsere Zahlen auf diese Weise in einer frühen Zeit, einem Zeitalter, wo Maße und Gewichte noch keine große Rolle spielten, entstanden sind.

Dies hätte sich etwa folgendermaßen zugetragen. Mit dem entsprechenden Reim oder Gedicht deckte man größenmäßig eine Bedeutung oder eine Erscheinung ab, die in diesen frühen Zeiten für die Menschen die Hauptrolle spielte. In Betracht kämen der Zeitraum von der Empfängnis bis zur Geburt oder das Mondjahr bzw. die Anzahl der Vollmonde im Verlauf eines Sonnenjahres. Die deutschen Zahlwörter von eins bis zwölf könnten auf diese Weise entstanden sein. Ich untersuche sie nun auf diesen Zusammenhang. Ich wähle hierfür altdeutsch/schwäbisch, um hinsichtlich der Genauigkeit der Aussagen auf Nummer sicher zu gehen, und zähle auf zehn:

"ois, zwoi, drei, vier, fönf (feif), sechs, sieba, acht, nai, zea"

Diese zehn Wörter trenne ich in Silben bis ein sinnvoller Satz entsteht:

"oi is, ds wei, drei, fir, veif, seh ich's, (s)iba, acht, (d)nai, ds Ea".

Auf neuhochdeutsch und in Zeilen gefaßt, könnte es so lauten:

"Ei(nes) ist,
das weihe treu
für(s) Weib,
sehe ich(s) Eva,
acht' das Neue,
das ist Ehe."

Das Zahlwort "zehn" heißt in diesem Zusammenhang "dies ist ehern" oder "eisern" oder "dies Ehe(n)" und bedeutet eine Gesetzmäßigkeit in einem biologischen Sinne. Aus diesem Wort "ehern" leitet sich demzufolge das Wort "Ehe" ab, die ja auch eine Gesetzmäßigkeit ist. Wie ich im vorangegangenen Absatz mit dem Zeitraum von der Empfängnis bis zur Geburt schon angedeutet habe, scheinen unsere Zahlen mit dem Phänomen der Vereinigung zwischen Mann und Frau, der Schwangerschaft und Geburt in Verbindung zu stehen. Dazu gibt auch die Zahl sechs, die gleich ausgesprochen wird wie das Wort Sex, einen Hinweis. Tatsächlich beträgt die Phase von der Empfängnis bis zur Geburt gerechnet vom ersten Tag der letzten Menstruation durchschnittlich 280 Tage, 40 Wochen oder 10 Monde. Vom Vollzug der Ehe durch den Geschlechtsakt bis zur Geburt oder bis zu der erneuten Empfängnisbereitschaft wird ein Zeitraum von zehn Vollmonden oder zehn ganzen Mondphasen vom Neumond bis zum Vollmond und wieder zurück durchlaufen. Für den Vormenschen als Sprachschöpfer in seiner archaischen Welt ist dies die einzig wirklich maßgebliche Richtschnur für einen Zahlenbegriff gewesen. Das Wort Ehe ist nach dieser Theorie mit der Zahl zehn identisch, aber auch mit dem Wort "ehern" für "eisern". Das Wort Ehe bedeutet Gesetz im Sinne von "Naturgesetz" und im Sinne von "unauflösbar".

Nachdem also die frühen Menschen einen Abzählreim geschaffen hatten, der das Phänomen von Empfängnis, Schwangerschaft und Geburt in einer rechtmäßigen Ehe zwischen Mann und Frau beschreibt, hatten sie zehn Wörter, die für das Abzählen allgemein verwendet wurden und somit schon das heutige Zehnersystem der Zahlen. Daneben existierte damals jedoch auch schon ein Zwölfersystem, das sich aus dem Sonnenjahr, das aus zwölf Mondphasen besteht, ergab. Man schuf dazu nach der Zahl zehn noch die Zahl beziehungsweise das Zahlwort "elf", das von seiner Herkunft und wahren Bedeutung her noch zu klären wäre. Die folgende Zahl "zwölf" wird auch mit ein "Dutzend" bezeichnet. Die Entstehung des Wortes Dutzend habe ich im vorstehenden Wörterverzeichnis erläutert. Nachdem man also Zahlen und Zahlwörter bis zwölf oder ein Dutzend hatte, schuf man zunächst keine weiteren Zahlwörter, sondern zählte "zwei Dutzend", "drei Dutzend" und so fort bis "zwölf Dutzend". Zwölf Dutzend oder 12 * 12 = 144 nannte man "ein Gros". Gros ist ein altes Zahlenmaß und vermutlich mit "groß" oder "Größe" identisch. Als sich die menschliche Kultur zu einem komplexen Wirtschaftssystem mit Arbeitsteilung weiterentwickelte, benötigte sie eine größere Anzahl an Zahlwörtern. Wie zuvor das System mit 12 (ein Dutzend) und 12*12 (ein Gros), entwickelte man nun ein Zehnersystem mit der Zahl 10 (zehn) und 10*10 (Einhundert) und darauf aufbauend 10*100 (Eintausend). Die Entstehung der Wörter hundert und tausend habe ich im Wörterverzeichnis erläutert.

Kapitel 9

◆

Der Zusammenhang von Sprache und Schrift

Ist Sprache ohne Schrift denkbar?

In diesem Kapitel soll die Frage geklärt werden: Ist Sprache ohne Schrift denkbar? Wie wir alle im Laufe unseres Lebens erfahren haben, lernen wir Menschen zuerst sprechen und erst wenn wir in die Schule kommen, lernen wir schreiben. Wir können zu diesem Zeitpunkt schon ganz gut sprechen. Dies führt uns zu der scheinbaren Erkenntnis, daß Sprache ohne Schrift möglich ist. Es ist also möglich, eine Sprache zu lernen und gut zu sprechen ohne daß man schreiben kann. Was ein Kleinkind beim Sprechenlernen leistet, erscheint unvorstellbar. Es benutzt beim Lernen keine Wörterbücher und Grammatiken und es schreibt sich nichts auf.

Ich will damit sagen, natürlich gibt es Sprache ohne Schrift. Es gibt zum Beispiel das Schwäbische, das eine gesprochene Sprache ist, die man zwar auch schreiben kann, es im Allgemeinen aber nicht tut. Wenn Schwaben schreiben, schreiben sie im Regelfall auf neuhochdeutsch. Es gibt außer Schwäbisch noch andere Sprachen ohne Schrift. Es handelt sich dabei vor allem um Eingeborenensprachen primitiver Völker. Diese Eingeborenensprachen waren ohne Schrift bzw. wurden nicht geschrieben bis zu dem Zeitpunkt, wo ausländische Missionare sich um die Einführung der Schrift und Festlegung einer Schreibweise für diese

Sprachen bemühten, um dem jeweiligen Volk die Bibel und das Christentum nahe zu bringen. Solche Eingeborenensprachen haben zuvor lange existiert, ohne daß sie je geschrieben oder aufgeschrieben wurden. Wir können also eine Sprache lernen, auch dann wenn wir Analphabet sind, wie es zum Beispiel ein kleines Kind ist. Es ist jedoch ein Unterschied, ob man eine Sprache lernt, ohne eine Schrift zu benutzen oder ob eine Sprache geschaffen wird, ohne daß es eine Schrift gibt.

Insgesamt genommen muß man sagen, daß die Schaffung einer Sprache nicht möglich ist, ohne die Vorstellung von Lauten und den dazugehörenden Buchstabenzeichen. Dies ergibt sich schon daraus, daß Laute und Buchstaben zusammengehören, wie ich anfangs genau erläutert habe, und daß diese Laute/Buchstaben von Natur aus auch eine begriffliche Bedeutung haben, die für die Schaffung eines Wortes notwendig ist. Wie wollte man ein Wort schaffen, ohne einen Anhaltspunkt zu haben oder eine begriffliche Vorstellung von etwas? Wie kann man etwas bezeichnen, wenn man nicht einmal weiß, welche Anzahl an Lauten einem zur Verfügung stehen? Wie kann man etwas bezeichnen, wenn man keine Gedanken zur Verfügung hat? Mit dem Laut ist immer auch der dazugehörige Buchstabe schon da. Es gab also von Anfang an eine Schrift, wie die germanischen Runen, die ja nur "gefunden", nicht "geschaffen" wurden. Aus den Runen entwickelte sich offensichtlich das lateinische Alphabet. Dies ist an der Ähnlichkeit der Zeichen und daran zu erkennen, daß die Runen und die heutigen Buchstaben dieselben Lautwerte in Ton und Umfang bzw. der Anzahl haben. Ich habe in diesem Buch deutlich aufgezeigt, daß sich die deutsche Sprache synthetisch zusammensetzt, also vom einzelnen Buchstaben zum Urlaut und vom Urlaut zu ersten Sätzen aus zwei Urlauten, die zusammen gesprochen ein neues Wort mit einer differenzierteren Bedeutung ergeben. Dann von einsilbigen altdeutschen Wörtern zu mehrsilbigen Wörtern des heutigen Deutsch.

Diese meine Theorie widerspricht der allgemein anerkannten wissenschaftlichen These, daß sich das lateinische Alphabet aus der phönizischen Schrift entwickelt hat. Die phönizische Schrift soll sich wiederum aus den ägyptischen Hieroglyphen, einer Bilderschrift, hergeleitet haben. Die Phönizier, ein Handelsvolk, das während der Antike an der libanesischen Küste lebte, haben demnach aus einer Bilderschrift abstrakte Zeichen mit einem Lautwert entwickelt und zwar, indem sie den Anfangslaut des Wortes, das dem Bild entsprach, als Lautwert nahmen und das Bild so vereinfachten, daß es zum abstrakten Zeichen wurde. Interessant ist, daß diese Bilderschrift schon eine Sprache voraussetzte. Man könnte sich zwar eine Bilderschrift denken, wo nur der entsprechende Gegenstand abgebildet bzw. gemalt wird, und auf diese Weise Mitteilungen erfolgen, ohne daß es eine gesprochene Sprache, also eine Sprache an sich, gäbe. Aber wer könnte auf diese Weise einen Satz formulieren, der dann in Bilderschrift auf eine Felswand gemalt würde? Das geht gar nicht, denn um einen Satz zu sprechen, brauchen wir Gedanken und denken können wir nur, wenn wir Worte dafür haben.

Die alten Ägypter hatten zu dem Zeitpunkt, als sie die Hieroglyphen schufen, schon eine Sprache, nämlich das Altägyptische, welches bis dahin offenbar ohne Schrift existierte. Ebenso hatten die Sumerer/Babylonier in Mesopotamien schon eine Sprache, als sie die Keilschrift entwickelten. Dies widerspricht scheinbar meiner These, daß man eine Sprache nicht ohne Schrift schaffen kann. Ich bleibe aber bei meinem Standpunkt. Es ist denkbar, daß die alten Ägypter zu einem früheren Zeitpunkt eine Buchstabenschrift hatten, die in Vergessenheit geriet zu einer Zeit, als deren Zivilisation einen Niedergang erlebte. Nachfahren dieser Menschen konnten zwar noch sprechen, aber eine Kenntnis der ursprünglichen Schrift hatten sie nicht mehr und entwickelten deshalb nach und nach eine Bilderschrift. Eine andere Möglichkeit ist die, daß die alten Ägypter ihre Sprache nicht selbst entwickelten, sondern sie ihnen von Göttern gegeben wurde. Diese Götter können die Pharaonen gewesen sein, als eine ursprünglich von einem anderen Land oder Erdteil stammende Rasse oder von dort stammendem anderen Volk, das schon eine höhere Kulturstufe hatte. Es könnten auch Wesen von einem anderen Stern gewesen sein, die als Götter angesehen wurden und den Ägyptern die Sprache brachten.

Wenn wir darüber nachdenken, wie die Eingeborenen fremder Erdteile, der pazifischen Inseln oder etwa die Steinzeitmenschen Papua-Neuguineas zu ihrer Sprache kamen, fragen wir uns natürlich, hatten diese Menschen auch von Anfang an eine Buchstabenschrift und konnten demnach Lesen und Schreiben? Schnell wird uns klar, daß sie zu ihrer Sprache ebenso kamen wie später zur Schrift. Christliche Missionare zogen schon zu einer sehr frühen Zeit aus und brachten ihnen zunächst das Sprechen bei. Erst viele Jahrhunderte später, als wieder christliche Missionare kamen, schufen diese ihnen auch eine Schrift, damit sie die Bibel in ihrer eigenen Sprache lesen konnten. Solche Begebenheiten in Form fremder Kulturbringer oder Götter sind in den Gründungsmythen afrikanischer Stämme und auch bei dem Mayas, Azteken und Inkas überliefert. Wir fragen uns nun, warum sprechen diese Eingeborenen dann heute eigene, uns völlig fremde Sprachen, wenn sie ihre Sprachen von uns Europäern bekommen haben? Wir kommen in diesem Zusammenhang zu einem neuen Thema.

Verfremdung der Wörter
durch die Schreibweise

Im Deutschen gibt es verbindliche Rechtschreibregeln. Schreiben wir ein Wort anders als orthografisch festgelegt, so kann der Leser dieses Wortes oft gar nicht erkennen, daß gerade dieses spezielle Wort gemeint ist. Ich gebe hier ein Beispiel: "Im Wald sind Beeren." Wenn bei einem Diktat ein Schüler zum Beispiel das Wort "Beeren" mit "ä" oder nur einem "e" schreibt, weil er den Zusammenhang oder die orthografischen Regeln nicht kennt, dann steht etwas ganz anderes da, als der Lehrer gemeint hat. Schwerwiegender als in der Schule ist dieses Problem im wirklichen Leben. Stellen wir uns vor, diesen Satz sagt uns unser Reiseleiter, während wir uns irgendwo in der Wildnis auf Exkursion befinden. Wir hören den Satz und da Ä bzw. ein langgezogenes E ganz ähnlich klingen, wissen wir nicht, sind im Wald "Beeren", die wir pflücken können oder "Bären", vor denen wir uns in Acht nehmen müssen.

Ein weiteres Beispiel ist das Wort "Ähre", das den Fruchtstand des Getreides meint, bzw. das Wort "Ehre", das etwa gleich gesprochen wird, aber im Gegensatz dazu ein abstrakter, sehr schwer zu umschreibender Begriff ist. Wenn wir das Wort nur hören und es nicht im Zusammenhang mit einem Satz steht, wissen wir nicht, was gemeint ist. Der begriffliche Inhalt des Wortes wird also durch die Schreibweise definiert.

Ein anderes Beispiel ist das Wort "Kuwait". Wenn man es aus dem Zusammenhang gerissen hört, kann man meinen, es hieße "Kuhweid" (sw), auf neuhochdeutsch "Kuhweide". Wird es aber ohne das h geschrieben, statt mit e mit einem a und statt dem d mit t, so wird ein arabisches Fürstentum daraus. Gleiches gilt für das arabische Fürstentum Bahrain. Es wird "Bachrain" gesprochen. Hören wir nur Bachrain, so können wir meinen, es handle sich um einen Bach, der eine Grenze zwischen Flurstücken bildet (Rain bedeutet Ackergrenze) und somit um ein deutsches Wort. Oder wie ist es mit dem arabischen Fürstentum Oman? Hört man es aus dem Zusammenhang gerissen, so denkt man: "Oh Mann!" Genauso ist es mit dem arabischen Fürstentum Katar. Noch in meiner Kindheit verwendeten die älteren Generationen statt "Schnupfen" das Wort "Katarrh".

Wird ein Wort geschrieben wie es gesprochen oder gehört wird, also nicht nach feststehenden Rechtschreibregeln, kann der Leser, ohne den zusammenhängenden Satz und den Inhalt des ganzen Textes zu kennen, nicht begreifen, was mit dem geschriebenen Wort gemeint ist.

Gleiches gilt natürlich für gesprochene Sätze, wenn Wörter zusammen und zu schnell ausgesprochen werden, so daß man sie nicht als Bestandteile eines Satzes erkennt oder umgekehrt. Ich gebe hierzu ein Beispiel:

"Dicourante bicicle fante."

Verstehen Sie, lieber Leser, was dieser Satz bedeutet? Nach einer ersten Abwägung scheint es ein Satz in einer romanischen Sprache zu sein. *Courant* ist eine Ableitung aus dem französischen Verb "courir" und bedeutet "laufen". *Bicycle* ist englisch und heißt "Fahrrad". Ein *Fant* ist ein Modenarr. Es würde demnach etwa bedeuten:

"Wegrennend auf dem Fahrrad der Fant."

Tatsächlich sind aber in diesem Satz die Wörter falsch zusammengeschrieben und falsch betont. Der Satz heißt in Wirklichkeit so:

"Die Kuh rannte, bis sie Klee fand(e)."

Wir sehen hieran, wenn Wörter zu schnell gesprochen, zusammengeschrieben oder auch noch anders betont werden, versteht man die einzelnen Wörter und den Satz nicht mehr. Dies ist bei den erwähnten Eingeborenensprachen der Fall. Wenn wir sie hören und der Sprecher spricht schnell, verschluckt Buchstaben, betont anders oder spricht die Laute anders aus, können wir ihn schon nicht mehr verstehen. Wir denken dann, er spräche eine andere Sprache. Aus diesen Gründen hielt man die Eingeborenensprachen fremder Erdteile für fremde, eigene Schöpfungen der Eingeborenen.

Ich möchte zu dieser Thematik noch auf Folgendes hinweisen. Es gibt Menschen, die bestimmte Laute bzw. Buchstaben nicht aussprechen können und diese dann durch andere Laute ersetzen. Die Chinesen sagen statt R ein L. Sie sagen dann statt "Rang" "lang". Russen kennen in ihrer Schrift kein H und können es deshalb nicht sprechen. Sie verwenden statt dem Buchstaben und dem Laut H entweder ein Ch oder ein G. Wenn man nun Gans statt Hans hört oder liest, wie soll man erkennen, daß es sich nicht um einen weißen Vogel, sondern um einen männlichen Vornamen handelt? Afrikanische Völker und Stämme sprechen nicht alle Vokale und womöglich auch manche Konsonanten nicht. So scheint es Stämme zu geben, bei denen jedes Wort an Vokalen nur A und O oder E und O hat. Solche Völker bezeichnete man früher wegen des Klangs ihrer Sprache wenig schmeichelhaft als "Hottentotten".

Wenn nun ein Missionar für ein eingeborenes Volk die Bibel in dessen Sprache übersetzt und parallel dazu erst eine Schriftsprache schafft und einführt, so läßt er sich zunächst vom Eingeborenen in dessen Sprache vorsprechen und schreibt das gehörte Wort oder den gehörten Satz nach seinen eigenen Vorstellungen bzw. nach eigenem Gutdünken nieder. Mit der Niederschrift und der von ihm festgelegten speziellen Schreibweise hat er ein eigenes, spezielles, neues Wort erschaffen. Der Missionar erkennt dabei nicht, daß es sich bei dem Wort möglicherweise um ein alteuropäisches Wort oder einen Satz aus einsilbigen, alteuropäischen Wörtern handelt. Er läßt sich nun den Sinn des Wortes oder Satzes in etwa umschreiben und schreibt die Bedeutung, die er meint begriffen zu haben, in sein Wörterheft neben das zuvor notierte Wort. Mit der von ihm festgelegten Schreibweise und der dazugehörigen Erklärung hat er ein neues Wort mit vielleicht komplexerer Bedeutung und einen neuen Begriff geschaffen. Um es mit dem vorigen Beispiel zu verdeutlichen: Der Missionar sitzt mit dem Häuptling im Kral. Draußen treibt ein Junge eine Kuh auf eine nahe Weide. Die Kuh ist hungrig, wittert das Futter und beginnt zu galoppieren. Plötzlich hält das Tier abrupt an, senkt den Kopf zu Boden und frißt. Der Stammeshäuptling deutet auf die Kuh und sagt zum Missionar: "Die Kuh rannte, bis sie Klee fand(e)!" Der Missionar schreibt den Satz wie auf Seite 135 beschrieben, auf: Dicourante bicicle fante. Die Bedeutung scheint dem Missionar klar. Das Wort oder die Wörter heißen "Weide". Er schreibt "Weide" als deutsche Bedeutung in sein Wörterheft. Der Missionar schafft auf diese Weise buchstäblich eine neue Sprache, ob man das nun glauben mag oder nicht. Wer das Wörterverzeichnis neuhochdeutscher Wörter aufmerksam gelesen hat, weiß was ich meine. Dies ist bei der Schaffung des Neuhochdeutschen genauso gewesen!

Schaffung neuer Wörter durch besondere Buchstaben

Im alphabetischen Wörterverzeichnis neuhochdeutscher Wörter haben wir Wörter mit dem Anfangsbuchstaben Qu besprochen. Es handelt sich um die Wörter "Qualität", "Qualle", "Quelle" und "quer". Das Wort Qualität ist eigentlich ein Satz, der mit G beginnt. Qualle und Quelle sind substantivierte Verben, denen man dies aufgrund des Buchstabens Q statt G, das eigentlich am Platze wäre, nicht mehr ansieht. Ebenso wie auch bei dem Wort quer sind neue Wörter mit eigenen besonderen Begriffsinhalten entstanden. Ein weiteres Beispiel sind die beiden Wörter "sechs" und "Sex", die ich in meiner Abhandlung über "Das Rätsel der Zahlen" schon erwähnt habe. Durch die Setzung des X statt chs entsteht ein völlig anderes Wort. Durch die Schaffung eines eigenen

Buchstaben für mehrere Konsonanten hintereinander wie bei dem Buchstaben Q und X wird das entsprechende Wort verfremdet und zu einem neuen Wort mit eigenem Begriffsinhalt.

Schlußbemerkung

Wir sind nun am Ende unserer Untersuchung der deutschen Sprache auf ihre Entstehung hin und auf die wahre Bedeutung der Wörter angekommen. Dabei haben wir festgestellt, daß sich mit der in den Kapiteln Nr. 1 bis 3 aufgestellten Theorie die Wörter analysieren und in ihrer Grundbedeutung erklären lassen. Die Frage des "wie", also wie die deutsche Sprache entstanden ist, ist damit beantwortet. Nicht beantwortet ist das "wo" und "wann" die deutsche Sprache entstanden ist. Ort und Zeit sind nach wie vor dunkel und müssen weiter erforscht werden. Wir fragen uns in diesem Zusammenhang, ob die in diesem Buch vorgestellte Theorie auch für andere Sprachen gilt und es Bezüge dazu gibt, die uns einer Erklärung näher bringen. In den Sprachen des Mittelmeerraumes und des vorderen Orients gibt es Schriftzeugnisse, die älter sind als deutsche schriftliche Überlieferungen. Diese Sprachen gelten wegen dieses Schriftbeweises als älter, müssen aber nicht wirklich älter sein als die Deutsche Sprache. Ältere Schriftzeugnisse im mitteleuropäischen Raum können zum Beispiel während einer dort stattgefundenen Naturkatastrophe oder eines großen Krieges verloren gegangen sein.

Wir werden uns im nächsten Kapitel mit Altägyptisch befassen, um die Frage der Herkunft des Deutschen und einige weitere Fragen zu beantworten. Altägyptisch zu untersuchen ist schon deshalb wichtig, weil die Pharaonen scheinbar nur eine Bilderschrift, jedoch keine Lautzeichenschrift hatten, was der in diesem Buch vorgestellten Theorie widerspricht. Darüber hinaus ist folgendes interessant. Bei der Analyse der deutschen Sprache sind nicht nur altdeutsche Wörter, sondern auch altägyptische und vorderasiatische zum Vorschein gekommen, nämlich die Götternamen Bal, Re, Hah und der Name der Göttin Ischtar. Gibt es hier ungeahnte Zusammenhänge? Das letzte Kapitel dieses Buches soll diese Fragen beantworten.

Kapitel 10

♦

Altägyptischer Exkurs

Allgemeines

Die ersten Laute und der damit verbundene Sinngehalt sind nach den Ergebnissen der Untersuchung dieses Buches der Natur immanent. Diese Laute müssen demnach auch in der altägyptischen Sprache aufzufinden sein. Um es nochmals deutlich zu machen: Es wird hierbei von Buchstaben/Lauten ausgegangen, die in der Natur als Energiemuster von Anfang an vorhanden waren und die dem Menschen, wenn er die Laute hört oder die Buchstaben sieht, ihre Bedeutung intuitiv vermitteln. Deshalb gehe ich davon aus, daß Altägyptisch dieselben Laute und Urlaute hat wie Deutsch und auf dieselbe Weise entstanden ist. Ein Wort, das naturgesetzlich aus Buchstaben und Urlauten aufgebaut ist, raunt dem Hörenden seine Bedeutung sozusagen zu. Er versteht es unmittelbar. Wenn wir uns klar machen, daß Wörter nicht einfach so entstehen können, sondern zeitgleich gedacht werden müssen, um auch einen begrifflichen Inhalt oder Bedeutungsgehalt zu haben, wird uns das klar. Deshalb entstehen Wörter aus Buchstaben oder Urlauten, weil nämlich deren Bedeutung "addiert" wird und auf diese Weise ein neues Wort mit einer komplexeren Bedeutung entsteht. In diesem Zusammenhang zu meinen, die alten Ägypter bzw. die Pharaonen hätten zuerst eine Sprache gehabt und dann begonnen zu schreiben und zwar indem sie eine Bilderschrift erfanden und dies, was sie ausdrücken wollten, sozusagen "malten" oder "zeichneten", ist falsch. Ich habe dies schon dargelegt. Ich will in diesem Kapitel unter anderem folgende Fragen klären:

Lassen die Hieroglyphen Bezüge zu den germanischen Runen oder den lateinischen Buchstaben erkennen, in Zeichen, Laut, Ideogramm und begrifflicher Bedeutung?

Gibt es im Altägyptischen die vorne vorgestellten Urlaute?

Gibt es in Mythen und Überlieferungen Altägyptens Hinweise, wie die ägyptische Sprache und Schrift entstanden ist?

Gibt es im Altägyptischen schon eine Grammatik?

Bezüge zwischen Hieroglyphen und Buchstaben

Wie ich im vorigen Kapitel geschrieben habe, ist die ägyptische Hieroglyphenschrift nicht die ursprüngliche Schrift Ägyptens. Die Hieroglyphenschrift gilt heute jedoch als die älteste Schrift der Welt. Zunächst zur Etymologie des Wortes "Hieroglyphe". Wir entschlüsseln *Hiero* indem wir ein l statt r setzen. Wir erhalten "hielo" oder "heil". Das Wort "Glyphe" existiert auch im Altdeutschen. Im Altdeutschen heißt es *Glub* und bedeutet "Kerbe" oder "Spalte". Auch im Neuhochdeutschen gibt es das Wort in Form von *Kluft* für "Felsspalte". Das Wort Hieroglyphe bedeutet demnach "heilige Einkerbung". Die alten Ägypter erhielten nach der Überlieferung die Hieroglyphen von den Göttern, weshalb sie heilige Schriftzeichen genannt werden. Bei der Untersuchung der Hieroglyphen sind wir auf die Ergebnisse der Ägyptologen angewiesen und stehen dabei vor dem Problem, daß auch Ägyptologen nicht alles über Hieroglyphen wissen, dabei vieles mutmaßen und zudem vieles unerforscht ist.

Europäische Forscher bemühten sich lange vergeblich um die Entschlüsselung der Hieroglyphen. Diese gelang nicht, da man jedes Bild für ein Symbol oder einen Begriff für sich hielt. Dann jedoch, im Jahre 1816, entdeckte der Franzose Jean François Champollion, daß die Hieroglyphen auch phonetische Zeichen besaßen. Durch den Vergleich von Hieroglypheneinkerbungen mit den Namen von bekannten Königen konnte er bis 1822 eine Vielzahl von Hieroglyphen entschlüsseln und ihnen Lautwerte zuordnen, die in etwa unseren Buchstaben entsprechen. Die Entdeckung der phonetischen Hieroglyphen durch Champollion stützt meine These, wonach Wörter grundsätzlich durch Zusammenfügung von mit Begriffsmerkmalen verbundenen Lautzeichen gebildet werden und bestätigt das grundsätzliche Vorhandensein einer Lautzeichenschrift. Die Entdeckung Champollions gibt eine erste Antwort auf die Frage, ob die Hieroglyphen Bezüge zu den Runen oder lateinischen Buchstaben aufweisen. Ein Teil der Hieroglyphen sind demnach phonetische Zeichen, normale Buchstaben also, nur daß statt einem stilisierten Abbild ein realistischeres, der Natur entsprechendes Bild eingeritzt oder gezeichnet wird, wobei die Frage evident ist, ob dieses den Lautwert erhellt oder willkürlich ausgewählt wurde.

Die magische und ungemein faszinierende Bedeutung der Runen ergibt sich daraus, daß Laut, Zeichen, Ideogramm und begriffliche Bedeutung übereinstimmen und nur aus diesem Zusammenhang heraus die Runen von ihrem Auffinden an das leisten konnten, was ich in diesem Buch schon aufgezeigt habe. Zu untersuchen, ob dies bei den ägyptischen Hieroglyphen ähnlich ist, dürfte schwierig sein, da wir zwar den Begriff der jeweiligen Hieroglyphe, der durch das Bild vermittelt wird, aber das entsprechende Wort dazu nicht kennen. Wir erkennen im Bild, daß zum Beispiel eine Wachtel oder eine Ente, ein Geier oder ein Gott abgebildet sind, aber wie heißen Wachtel und Ente auf altägyptisch? Teilweise sind diese Wörter den Forschern zwar bekannt, aber selbst jene bekannten Wörter sind insofern unsicher, als man die Stellung der Vokale nicht kennt.

Die Hieroglyphen als Bildzeichenschrift

Durch die Entdeckung Champollions änderte sich die Definition der Hieroglyphen als Bilderschrift. Die Hieroglyphen sind keine Bilderschrift, sondern eine Bildzeichenschrift. Dies bedeutet, daß eine Bilderhieroglyphe zugleich ein Symbol, eben das abgebildete Bild und das entsprechende Wort, aber manchmal auch ein Buchstabe mit einem phonetischen Wert ist. Es gibt in der ägyptischen Hieroglyphenschrift ein komplettes Alphabet mit 25 Konsonanten, also mit fast genauso vielen Lauten wie die germanischen Runen, nur eben ausschließlich aus Konsonanten. Es folgt nun eine Auflistung der Konsonanten:

Hieroglyphe	Bildbedeutung	Aussprache
	Geier	A
	Schilfblatt	I oder J
	Zwei Schilfblätter	I

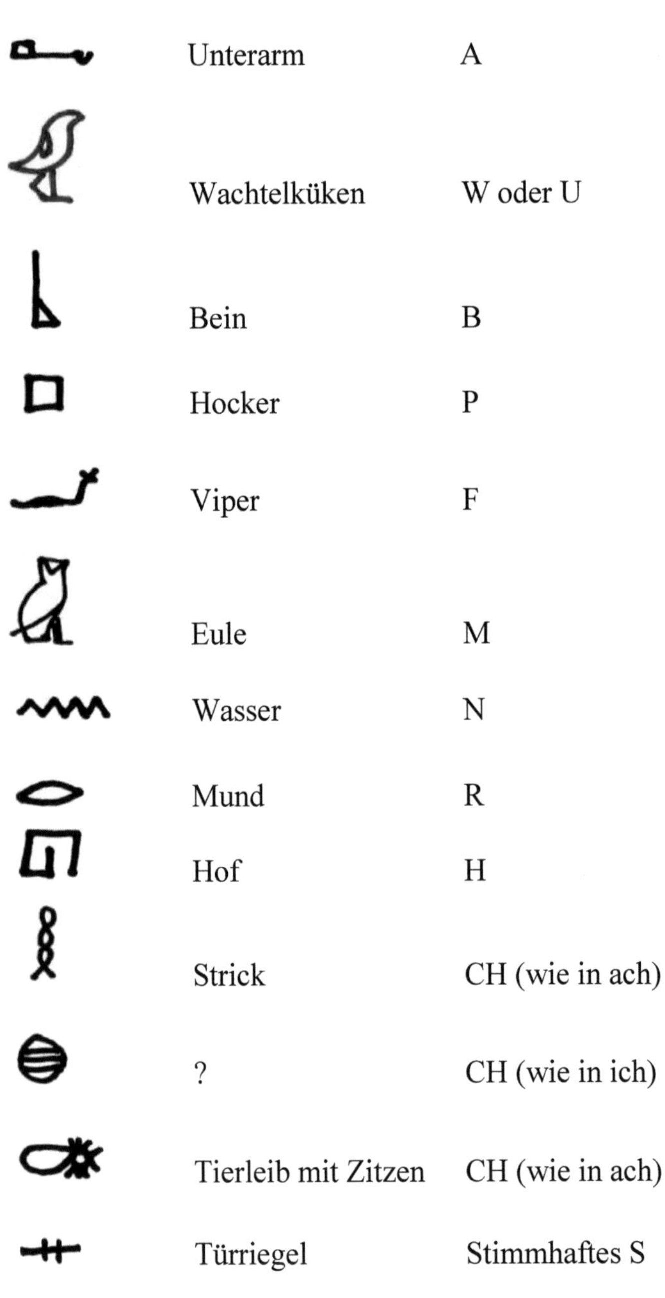

	Unterarm	A
	Wachtelküken	W oder U
	Bein	B
	Hocker	P
	Viper	F
	Eule	M
	Wasser	N
	Mund	R
	Hof	H
	Strick	CH (wie in ach)
	?	CH (wie in ich)
	Tierleib mit Zitzen	CH (wie in ach)
	Türriegel	Stimmhaftes S

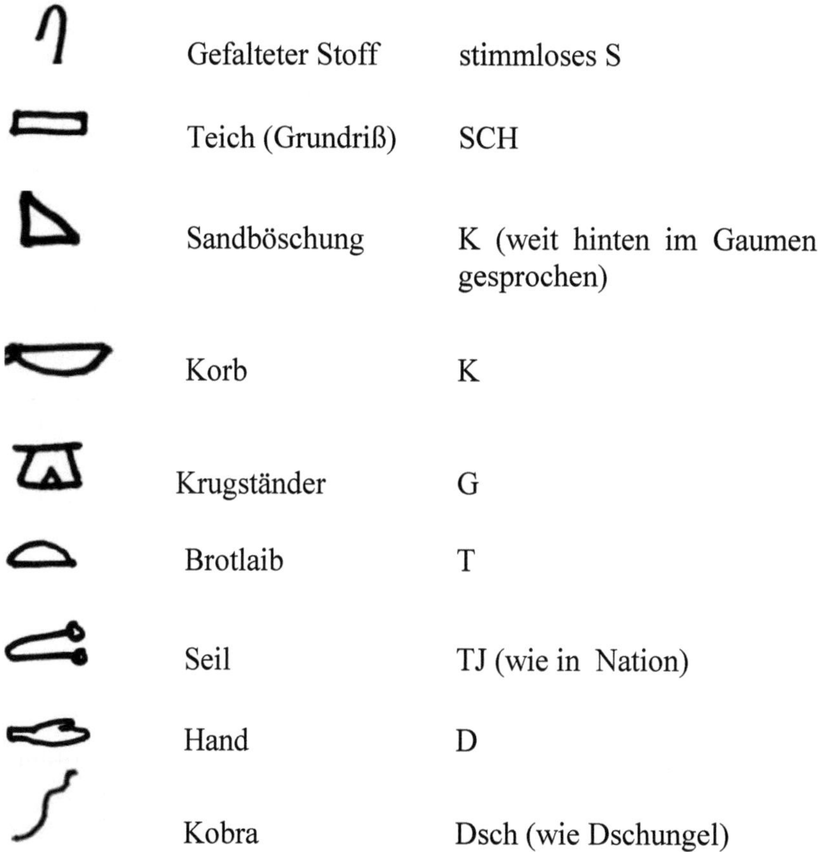

Gefalteter Stoff	stimmloses S
Teich (Grundriß)	SCH
Sandböschung	K (weit hinten im Gaumen gesprochen)
Korb	K
Krugständer	G
Brotlaib	T
Seil	TJ (wie in Nation)
Hand	D
Kobra	Dsch (wie Dschungel)

Dieses Alphabet enthält scheinbar auch einige Vokale, die aber in Wirklichkeit ebenfalls Konsonanten sind. Der Buchstabe A (Geier) wird so gesprochen, daß der Laut konsonantisch hinten in der Kehle beginnt. Wir können dies selbst ausprobieren, indem wir ein A sprechen und dies mit einem A, gesprochen nach einem Konsonanten, etwa dem M, vergleichen. Bei einem reinen A muß die Stimme mit einem Konsonanten ansetzen, der in der Kehle ein Knacken erzeugt und nicht geschrieben wird. Sprechen wir hingegen ein "Ma", so sprechen wir ein M und darauf den reinen

Vokal A. Das ägyptische A gilt deshalb als Konsonant. Der Buchstabe U ist ein W, bzw. synonym mit W, wie ich in dem Kapitel "Die Bedeutung der Buchstaben in der Etymologie" geschrieben habe. Durch diese reine Konsonantenschrift entsteht für die heutigen Sprachwissenschaftler und Ägyptologen beim Lesen der Wörter das Problem, daß sie nicht wissen, welche Vokale ein Wort hat und wo diese hingehören. Die Ägyptologen haben für sich das Problem so gelöst, daß sie zwischen die Konsonanten jeweils ein E setzen, um die Schrift als Wörter lesen zu können. Bestimmte Konsonanten, die Vokalen nahestehen, wie die vorbehandelten Laute A und U, aber auch I oder O werden wie diese gesprochen. Diese Methode bringt uns hier in diesem Buch natürlich nichts. Wir wollen wissen, wie die Wörter wirklich heißen. Dabei können uns die Erkenntnisse dieses Buches, insbesondere die Urlaute, möglicherweise helfen.

Buchstaben werden zu Bildern

Wir untersuchen eine Auswahl der oben vorgestellten fünfundzwanzig Einkonsonantenzeichen. Dabei geht es um die Frage, ob das Bild der jeweiligen Hieroglyphe den mit dem Lautwert verbundenen Begriffsinhalt erhellt. Um einen Begriffsinhalt des Lautwertes zu haben, greifen wir auf die germanischen Runen zurück.

Hieroglyphe Geier:

Diese Hieroglyphe stellt einen Geier dar und hat den Lautwert A. Die Frage, ob das Bild den Lautwert und den damit verbundenen Begriffsinhalt erhellt, beantworten wir, indem wir auf die Rune Ansuz, die Rune mit dem Lautwert A, zurückgreifen und deren begriffliche Bedeutung (hier "Wind") mit dem Bild der Hieroglyphe vergleichen. Die gestellte Frage kann ganz offensichtlich bejaht werden. Der mit der Rune Ansuz überlieferte Begriffsinhalt des A bedeutet Wind, der Geier ist ein geflügeltes Wesen der Lüfte.

<u>Hieroglyphe Wachtelküken:</u>

Bei dieser Hieroglyphe handelt es sich um ein Wachtelküken. Man erkennt das Jungtier daran, daß es winzige Flügelchen hat. Ein Bein hat es zurückgestellt und gebeugt, als ob es knicksen wollte. Diese hübsche Hieroglyphe hat den Lautwert W. Den Sinngehalt des W kennen wir durch die Rune Wunjo. Es sind die Wörter "Wonne", "Freude", "Weide", "Kameradschaft", aber auch "Ausgleich der Gegensätze". Treffend vermittelt die Hieroglyphe den mit dem Lautwert verbundenen Sinn. Wem schlägt nicht das Herz schneller vor Freude, wenn er das Abbild des reizenden Jungvogels sieht? Der Anblick eines Wachtelkükens ist eine reine Wonne. Dazu ist auch der Begriffsinhalt der Weide mit dem Wachtelküken treffend abgebildet, denn Wachteln sind Hühnervögel, die auf offenen Wiesen- und Feldflächen leben. Und überdies ist eine Kükenschar auch ein Sinnbild für Kameradschaft.

<u>Hieroglyphe Eule:</u>

Diese Eulenhieroglyphe hat den Lautwert M. Der Vogel verkörpert die Weisheit und weist so Bezüge zur abstrakten Bedeutung
des Buchstabens M oder der Rune Mannaz auf. Interessant ist,
daß Eulen auf der Stirn ein M tragen, wie auch aus der Hieroglyphe gut ersichtlich ist.

<u>Hieroglyphe Wasser:</u>

Diese Hieroglyphe bildet Wasser als Wellenlinie ab. Der Lautwert ist N. Bei Vergleich mit dem Ideogramm der Rune Naudhiz,
das eine Bugwelle darstellen soll, ergeben sich tatsächlich Zusammenhänge mit der Zickzacklinie der Hieroglyphe, die ja
ebenfalls Wellen darstellt. Die abstrakte Bedeutung des Lautes N,
die mit der Rune Naudhiz überliefert ist, ist "Not" und "Erlösung
von Elend". Mit dem Bild einer Wasserflut ist dieser abstrakte
Begriff in einem Land wie Ägypten, wo das Wasser des Nils
Überschwemmungen verursacht, jedoch für die Bewässerung der
Felder dringend benötigt wird, treffend ausgedrückt.

Hieroglyphe Hof:

Diese Hieroglyphe stellt einen Hof, ein umzäuntes und von Gebäuden begrenztes Viereck dar. Der Lautwert ist H. Die dem H entsprechende Rune Hagalaz bildet ebenfalls einen Zaun oder ein Gehege ab, wie ja auch der Buchstabe H selber.

Hieroglyphe Korb:

Die Hieroglyphe Korb hat den Lautwert K. K steht als Rune Kenaz in ihrer abstrakten Bedeutung für die schöpferische Lebensmeisterung oder menschliche Kunstfertigkeit. Ein Korb ist handwerkliche Arbeit, genauer Kunsthandwerk und drückt somit diesen abstrakten Begriff perfekt aus.

Hieroglyphe Kobra:

Diese Hieroglyphe stellt eine Kobra dar und hat den Lautwert "Dsch" (wie das Wort "Dschungel"). Der Zischlaut "Dsch" oder auch "Tsch" ist weder im Runenalphabet noch im lateinischen Alphabet enthalten. Es ist demnach aus dem mitteleuropäischen

Raum kein Bedeutungsgehalt oder Begriff, ja nicht einmal ein Zeichen und Ideogramm für diesen Laut bekannt. Wie können wir trotzdem zu einer begrifflichen Bedeutung des Lautes Dsch gelangen? Die Antwort ist einfach. Durch das Arbeiten mit Schlüsselwörtern, also mit Wörtern des deutschen Grundwortschatzes, die diesen Laut enthalten, kann ein Bedeutungsgehalt ermittelt werden. Das Schlüsselwort "Ätsch", das wir schon untersucht haben, hat uns als erstes die Bedeutung des Tsch oder Dsch vermittelt. *Dsch* bedeutet als Satz "das ist" und als Hauptwort "das Sein". (Siehe unter Kapitel 5.)

Da das Sein ewig ist, steht der Laut Dsch für Unendlichkeit, Ewigkeit und Dauer. Dieser abstrakte Begriff Unendlichkeit und ewiges Leben wird in der Hieroglyphe ganz offensichtlich durch die Schlange abgebildet und verständlich gemacht. Schlangen häuten sich in regelmäßigen Abständen und verjüngen sich dadurch scheinbar. Sie scheinen deshalb nicht zu altern und sozusagen unsterblich zu sein. Ein besonders starkes Symbol für Ewigkeit oder Unendlichkeit ist eine Schlange, die sich in den Schwanz beißt. Sie bildet auf diese Weise einen Kreis ab. Ein Kreis ist etwas, das weder Beginn noch Ende kennt, also insofern etwas Ewiges. Die Hieroglyphe Kobra mit ihrem Lautwert Dsch bildet somit den Sinngehalt des Lautes Dsch mit dem Symbol für Ewigkeit zutreffend ab.

Tatsächlich gibt es die Hieroglyphe mit angehängtem t als weiblichem Artikel sogar als altägyptisches Wort: "Dsch-t" oder "Dschet". Das altägyptische Wort "Dschet" bedeutet "Ewigkeit". Die nachfolgende Abbildung zeigt dieses mit drei Hieroglyphen geschriebene ägyptische Wort:

Dschet (auf deutsch "Ewigkeit")

Wir haben an diesen sieben Hieroglyphen gesehen, daß die Bilder tatsächlich den begrifflichen Inhalt des Lautes auszudrücken scheinen, ob zufällig oder bewußt gewählt. Eine weitergehende Erforschung dieses speziellen Phänomens bleibt den Ägyptologen und Fachwissenschaftlern vorbehalten. Dieses Geheimnis der Hieroglyphen wartet noch auf seine Entschlüsselung und dürfte zu sehr interessanten Ergebnissen führen. Die Frage jedenfalls, warum die Hieroglyphen eine Bilder- und Bildzeichenschrift sind, ist damit beantwortet. Wie auch bei den germanischen Runen und den mit diesen verwandten lateinischen Buchstaben soll das Bild die begriffliche Bedeutung des Lautes, die für die Schaffung neuer Wörter erforderlich ist, erhellen und ist deshalb notwendig.

Die Urlaute im Altägyptischen

Die Frage stellt sich, gibt es die in diesem Buch vorgestellten Urlaute Ar, Ba, Fa, Ga, Ha, Is, Ka, Ma, Na, Os, Ra, Ul und Wa auch im Altägyptischen? Wie können wir dies herausfinden, wenn wir aus Hieroglypheninschriften nur die Konsonanten kennen? Dafür gibt es eine Lösung. Wir behelfen uns zunächst mit bekannten Wörtern aus der Pharaonenzeit, die durch Römer und Griechen, die als letzte im alten Ägypten als Pharao amtierten, überliefert sind. Es sind dies in erster Linie die Namen von Göttern, von denen viele hier in Europa heute noch allgemein bekannt sind:

Amun   auch Amen oder Amon, ägyptischer Gott der Fruchtbarkeit und des Windes

Re   ägyptischer Sonnengott

Isis   ägyptische Göttin des Lebens, der Wiedergeburt, der Magie und des Todes

Maat   ägyptische Göttin der sozialen Ordnung

Osiris   ägyptischer Totengott

Thot   ägyptischer Gott der Schrift, der Wissenschaft und der Künste sowie Protokollant beim Totengericht.

Pharao   Bezeichnung für den ägyptischen Gottkönig

Mit diesen sieben Wörtern haben wir schon die Urlaute Ra/Re, Fa, Is, Ma und Os. Dazu kommt ein einfaches Verb, das Verb "fahra" (sw), auf neuhochdeutsch "fahren".

Weitere Quellen haben wir in ägyptischen Ortsbezeichnungen:

Farafra   Oase in der Sahara

Safaga   Fischer- und Hafenstadt am Roten Meer

Siwa   Oase in der Sahara

Diese Namen enthalten Fa, Ra, Ga und Wa, daneben auch das weiter vorne besprochene "Fra" (siehe Seite 70) und wieder das Wort "fahra".

Farafra

Wir untersuchen zunächst das Wort "Farafra". Bei Wikipedia erfahren wir unter dem Eintrag Farafra unter anderem, daß die Oase schon in den Feuchtzeiten im frühen und mittleren Holozän (8000 bis 4000 vor Christus) besiedelt war, wofür es inschriftliche Zeugnisse gibt. Die heutigen Bewohner leben hauptsächlich von der Landwirtschaft. Wir trennen nun das Wort in "Fa-ra-fra". Dabei finden wir zwei Urlaute und das frühe Wort "Fra" vor, das Fruchtbarkeit bedeutet. Wir übersetzen die drei Silben: Fa (machen, erzeugen), Ra (Sonne/Gott), Fra (Fruchtbarkeit). Das Wort Farafra bedeutet also einen Ort, den Gott fruchtbar macht. Eine schöne, passende Umschreibung für eine Oase in der Wüste!

Safaga

Das Wort "Safaga" trennen wir in "Sa-fa-ga". Safaga bedeutet demnach in etwa "sehen - machen - gehen". Wir schauen bei Wikipedia im Eintrag über Safaga nach und lesen hier unter anderem:

"In Safaga befindet sich einer der ältesten Häfen des Roten Meeres. Er wurde bereits unter dem altägyptischen Pharao Sahure als Basis für Handel und Erforschung am Roten Meer eingerichtet..."

Safaga ist also - wie das Wort sagt - zunächst nur als Stützpunkt zum vorübergehenden Aufenthalt für bestimmte Aufgaben und Arbeiten gegründet und genutzt worden. Um dauerhaft dort zu leben war Safaga offenbar zu unwirtlich oder zu entlegen. Man schaute also, was zu tun war, erledigte dies und wenn man fertig war, ging man wieder.

Siwa

Das Wort "Siwa" trennen wir in "Si-wa". Es bedeutet "sehen, was heilig ist". Wie wir bei Wikipedia erfahren, war die Oase Siwa im Altertum eine berühmte Orakelstätte, zu der sogar Alexander der Große gereist ist. Sollte mit "sehen, was heilig ist" das Orakel gemeint gewesen sein?

Nach diesen drei alten ägyptischen Ortsnamen untersuchen wir nun einige der vorgenannten ägyptischen Götternamen darauf, ob die in diesen Namen enthaltenen Urlaute dieselben Bedeutungen haben, wie die im 2. Kapitel des Buches erklärten Urlaute.

Der Gott Amun

Der Gott Amun war zunächst eine lokale Gottheit Thebens und stieg allmählich zum höchsten Reichsgott, genannt Amun-Re, auf. Amun war Schöpfergott, Fruchtbarkeitsgott, aber auch ein Kriegs- und Schutzgott. Für Amun gibt es eine eigene Hieroglyphe. Hierbei handelt es sich nicht um eine phonetische Hieroglyphe, sondern um ein Ideogramm, ein Sinnzeichen, das den Gott vereinfacht abbildet. Man erkennt Amun an der zweifedrigen Krone, dem Kinnbart und dem Was-Zepter, einem altägyptischen Glückssymbol:

Amun wird auch als "Amon", "Amen" oder "Imen" bezeichnet. Der Name steht nicht genau fest, da man die Vokale nicht weiß. Als gesichert gelten nur die Konsonanten "Mn", weil Amun in den erhalten gebliebenen Inschriften mit einer Buchstabenhieroglyphe, und zwar einem Zweikonsonantenzeichen geschrieben wird. Es gibt unter den phonetischen Hieroglyphen nämlich nicht nur Einkonsonantenzeichen, sondern auch Zweikonsonantenzeichen und mehr. Der Lautwert dieses Zweikonsonantenzeichens ist "mn". Es handelt sich um ein Rechteck mit fünf oder auch sieben senkrechten Strichen darüber:

Die Hieroglyphe stellt ein Spielbrett mit darauf stehenden Spielfiguren dar, wobei das Spielbrett von oben zu sehen ist, die Figuren aber von der Seite sichtbar sind, um die Darstellung plastischer zu machen.

Wir kennen also vom Namen des Gottes die beiden Konsonanten "Mn". Nun fügen wir wie die Ägyptologen Vokale ein, nur anders, und schreiben "Man(n)". Wir erkennen hierin das englische Wort "Man" bzw. das deutsche Wort "Mann". Der Name des Gottes Amun enthält - richtig mit Vokalen versehen - den Urlaut Ma.

Wir erinnern uns in diesem Zusammenhang an die Rune Mannaz, die mit dem Urlaut Ma von der Bedeutung her identisch ist. Die

Rune Mannaz steht unter anderem für den germanischen Gott Manno oder Mannus, der in der "Germania" des römischen Geschichtschreibers Tacitus erwähnt wird[17]. Dort heißt es:

"In alten Liedern, der einzigen Art ihrer geschichtlichen Überlieferung, feiern die Germanen Tuisto, einen erdentsprossenen Gott. Ihm schreiben sie einen Sohn Mannus als Urvater und Gründer ihres Volkes zu, dem Mannus wiederum drei Söhne; nach deren Namen heißt es, nennen sich die Stämme an der Meeresküste Ingväonen, die in der Mitte Herminonen und die übrigen Istväonen. Einige versichern - die Urzeit gibt ja für Vermutungen weiten Spielraum -, jener Gott habe mehr Söhne gehabt und es gebe demnach mehr Volksnamen: Marser, Gambrivier, Sueben, Vandilier, und das seien die echten, alten Namen."

Von Manno/Mannus sollen die Menschen genetisch abstammen. Deshalb nennt man sie Menschen. Die Abstammung der heutigen Menschen von einem Gott ist auch im Eddalied "Rigsmal" überliefert[18]. In diesem Lied kommt ein Gott namens Rig dreimal auf die Erde, vermählt sich jedesmal mit einer anderen Frau und schafft so die drei Stände der Knechte, der Bauern und des Adels, wie dies in nordischen Ländern der Fall war. In anderen Kulturen gibt es die drei Stände Bauern (Ernährer), Krieger und den Priester/König. Auf diesen drei Ständen beruht die ursprüngliche menschliche Sozialordnung. (Der Name Rig im Eddalied Rigsmal ist übrigens nicht zufällig, sondern eine Zusammenziehung von "Re ich".)

---

[17] Siehe "Germania" von Tacitus, 1971 Philipp Reclam jun., Stuttgart.
[18] Siehe "Die Edda", 1987, Phaidon, Essen.

Die beiden Überlieferungen aus der Germania und der Edda weisen Manno oder Rig als Urvater der Menschen und damit als Schöpfergott, Fruchtbarkeitsgott und Erschaffer der menschlichen Sozialordnung aus, was auch die wahre Bedeutung der Rune Mannaz ist.

Inwieweit aber steht nun die abstrakte Bedeutung der Rune Mannaz mit dem Gott Amun und dem den Gott bezeichnenden Spielbrett im Zusammenhang? Wir untersuchen hierzu den mit der Hieroglyphe "mn" vermittelten Bedeutungsgehalt, der sich aus der Abbildung herleitet. Ich gehe davon aus, daß es sich bei der Abbildung um eine vereinfachte Darstellung eines Schachspiels handelt. Das längliche Rechteck bildet die ersten zwei Reihen des Schachbretts ab, auf denen die Spielfiguren zu Beginn des Spiels stehen. Die fünf Striche sind die Figuren der ersten Reihe von der Seite gesehen. Es handelt sich dabei um Turm, Springer, Läufer, Dame und König. Auf die Darstellung des zweiten Turms, Springers und Läufers sowie der in der zweiten Reihe aufgestellten Bauern wurde in der Hieroglyphe aus Vereinfachungsgründen verzichtet. Die Figuren des Schachspiels Bauer, Offiziere (Krieger) und König/Dame sind identisch mit den im vorletzten Absatz genannten Ständen Bauer, Krieger und Priester/König, die der germanische Gott Manno/Rig der Legende nach durch die Vermählung mit menschlichen Frauen geschaffen hat. Wir sehen also, daß die Hieroglyphe mn die abstrakte Bedeutung der Rune Mannaz in Form eines Spielbretts perfekt abbildet und können deshalb sagen, daß die Annahme der Name des Gottes enthielte den Urlaut Ma und laute in Wirklichkeit Man, richtig ist.

Zum Ende des Artikels über Amun, auch Amun-Re genannt, folgt eine Abbildung des Gottes. Wir sehen ihn nachfolgend mit seinen Attributen. Als Kopfschmuck trägt er eine Krone aus zwei Federn. Sein geflochtener Kinnbart ist Ausdruck seiner Königswürde. In seiner linken Hand hält er ein Was-Zepter. In seiner rech-

ten Hand ist ein Anchzeichen, auch Henkelkreuz genannt, zu erkennen. Rechts neben dem Bildnis steht der Name des Gottes in
Hieroglyphenschrift. Bei dieser Grafik handelt es sich um die
bildliche Darstellung der begrifflichen Bedeutung des Urlauts
Ma:

Der Gott Re oder Ra

158

Das umseitige Bild zeigt Re mit Vogelkopf und auf seiner Barke stehend. In der Hand hält er ein Was-Zepter. Rechts oben sehen wir den Namen in Hieroglyphenschreibweise. Der Gott Re oder Ra wird mit der Sonne identifiziert und gilt deshalb allgemein als höchster Gott Ägyptens. Wie bei Amun ist übrigens auch bei Re/Ra der Vokal nicht sicher, weshalb es die zwei Varianten Re und Ra gibt.

Diese Hieroglyphe zeigt Re/Ra mit seinen Insignien, nämlich einem Vogelkopf und der Sonnenscheibe auf dem Haupt. In der Hand hält der Gott hier ein Henkelkreuz, auch Anch-Zeichen genannt. Der Gott wird neben der obigen Darstellung auch mit einer Hieroglyphe geschrieben, die einen Kreis mit einem Punkt darin abbildet:

Diese Hieroglyphe stellt ein Rad dar, was an der Radnabe in der Mitte deutlich erkennbar ist. Es handelt sich um das Sonnenrad. Dieses Sonnenrad ist identisch mit der konkreten begrifflichen Bedeutung der Rune Raidho als eines Rades. Ob der Name des Gottes Ra mit dem Urlaut Ra/Re identisch ist, braucht hier nicht weiter untersucht zu werden. Dies ist eindeutig und wurde bereits in Kapitel 2 dieses Buches festgestellt.

Die Göttin Isis

Hier ist die Göttin Isis in Person dargestellt. Als Kopfschmuck trägt sie ein Kuhgehörn und eine Sonnenscheibe. Eine Ente balanciert diese beiden Gegenstände auf ihrem Rücken. Die Sonnenscheibe steht symbolisch für Allmacht, das Kuhgehörn hingegen drückt den nährenden Aspekt der Göttin aus. Isis stillt ein auf ihrem Schoß sitzendes Kind. Rechts neben dieser Abbildung ist ein Sitz oder Thron zu sehen. Hierbei handelt es sich um eine phonetische Hieroglyphe, also um eine Hieroglyphe, die gleichzeitig auch ein Lautzeichen ist, nämlich das Zweikonsonantenzeichen "is". Mit diesem Zweikonsonantenzeichen wird das Wort Isis hauptsächlich geschrieben.

Die Göttin Isis ist die Tochter des Luftgottes Geb und der Göttin Nut. Ihr Bruder Osiris war nicht nur ihr Bruder, sondern gleichzeitig ihr Gemahl. Wie der Mythos erzählt, liebten sich Isis und Osiris sehr. Osiris war Gott und Mensch zugleich und regierte deshalb als König bzw. Pharao über Ägypten. Isis und Osiris hatten einen Bruder namens Seth und eine Schwester namens Nephthys, die als Geschwister ebenfalls miteinander vermählt waren.

Nephthys kam jedoch mit Osiris zusammen und wurde von ihm schwanger. Den Sohn aus dieser Verbindung, Anubis, brachte sie aus Angst vor ihrem Gemahl Seth heimlich auf die Welt und setze ihn nach der Geburt in der Wildnis aus. Isis suchte überall nach Anubis. Sie entdeckte ihn schließlich bei einer Hundemeute, nahm ihn mit und zog ihn groß. Als Osiris von einer Reise zurückkehrte, gab sein Bruder Seth ein Fest. Dabei präsentierte er ihm eine schön gearbeitete, sargähnliche Lade aus Holz. Jeder Festbesucher mußte sich hineinlegen und der, der genau hineinpaßte, dem sollte sie gehören. Arglos legte sich der Gemahl von Isis hinein. Es paßte perfekt. Seth ließ rasch den Deckel aufsetzen, nagelte die Lade zu und verschloß die Fugen mit flüssigem Blei. Osiris erstickte. Die Holzlade wurde in den Nil geworfen und trieb davon. Die verzweifelte Isis suchte nun Osiris im ganzen Land. Als sie die Leiche in der Lade fand, gelang es ihr, Osiris soweit Leben einzuhauchen, daß sie von ihm schwanger wurde. Sie gebar einen Sohn namens Horus. Horus war nun als Nachfolger von Osiris zum König von Ägypten bestimmt. Isis verbarg sich mit dem Kind in den Sümpfen des Niltales, damit ihn Seth nicht finden und töten konnte. Eines Tages war Seth jedoch auf der Jagd und fand die Lade mit Osiris' Leichnam. Er geriet in Zorn, ließ den Leichnam zerstückeln und die Stücke in den Nil werfen, damit er nun endgültig tot sei. Isis jedoch suchte alle Teile des Osiris zusammen, ließ ihn einbalsamieren und hüllte ihn in Leinenbinden. Es gelang ihr auf diese Weise, Osiris zum Totengott im Jenseits zu machen. Als Horus erwachsen war, wurde er zum Pharao gekrönt. Die Göttin Isis hatte nun bedeutend an Macht dazugewonnen, da ihr Gemahl Osiris das Jenseits und ihr Sohn Horus das Diesseits regierte.

Diese Geschichte, die als Osiris-Mythos bekannt ist, weist Isis als vollkommene Ehefrau, als hingebungsvolle Mutter und Geliebte, als die Göttin des Lebens, der Wiedergeburt, der Magie und zugleich auch Totengöttin aus. Damit steht Isis für "das Sein" im

Sinne des ewigen Lebens zwischen Geburt, Tod und Wiedergeburt, wie ja der Urlaut Is "Sein" bedeutet. Wir schauen uns das obige Bild, das Isis in Person mit ihren Insignien und dem Kind auf ihrem Schoß zeigt, noch einmal an. Das Bild der Göttin Isis vermittelt anschaulich die Bedeutung des Urlautes Is als "das Leben auf der Erde".

Wie bereits erwähnt, wird Isis mit einer Hieroglyphe geschrieben, die einen Sitz abbildet und "is" lautet:

Interessant ist die nähere Betrachtung dieser phonetischen Hieroglyphe für Isis. Die folgende Zeichnung bildet die Hieroglyphe nochmals ab und zeigt, wie sie sich zusammensetzt, nämlich aus den Runen Isa und Sowilo. Wir müssen nur die Bodenfläche, auf der der Stuhl steht, wegdenken und den Sitz zerlegen:

Wir haben mit der Hieroglyphe is die erste Hieroglyphe gefunden, die mit den germanischen Runen identisch sein könnte und zwar in Form einer Binderune, genauer der Verbindung zweier Runen zu einem neuen Zeichen mit einer neuen Bedeutung.

Die Göttin Maat

Die Göttin Maat besitzt ein Hieroglyphenzeichen, es ist ein Ideogramm oder Sinnzeichen, das die Göttin in Person zeigt. Sie trägt als Kopfschmuck eine Feder, in der Hand hält sie das Anchzeichen oder Henkelkreuz. Wir lesen in ägyptologischen Nachschlagewerken folgendes: Bei der Göttin Maat handelt es sich um eine ägyptische Göttin, die neben einer personifizierten Gottesidee auch für ein Konzept oder ein Gedankensystem steht. Maat ist sowohl eine Göttin, wie auch ein Gedankensystem und gleichzeitig das ägyptische Wort für "Wahrheit". Es handelt sich bei diesem Gedankensystem um Begriffe wie die menschliche soziale Ordnung, die Rechtsordnung und den Staat. Maat war als Personifikation dieses Gedankensystems Garant dafür, daß das Gesellschaftsystem im alten Ägypten über Jahrtausende stabil blieb. Indem nämlich das "Maat", also die gesellschaftliche Ordnung, von jedem Einwohner unbedingt einzuhalten war, wollte er nicht im Jenseits vor dem Totengericht verurteilt werden.

Wir trennen das Wort Maat in "Ma-t". Das t am Ende ist der angehängte weibliche Artikel im Altägyptischen, der anzeigt, daß es sich um eine weibliche Person, eine Göttin oder ein weibliches Hauptwort handelt. Ich werde darauf im folgenden Unterkapitel "Die Grammatik im Altägyptischen" zurückkommen. Wir streichen nun das t und erhalten den Urlaut "Ma". Wie bereits unter Amun erwähnt, ist der Urlaut Ma oder Mâ gleich der Rune Mannaz, der das Konzept der Menschheit, Sippe und sozialen Ordnung eigen ist. Dies ist exakt dasselbe Gedankensystem, das die

Göttin Maat vertritt. Es folgt zur Veranschaulichung ein Bild der
Göttin Maat:

Rechts neben der Göttin steht der Name Maat in Hieroglyphenschreibweise.

Wir fragen uns: Sind die vier besprochenen ägyptischen Götternamen Amun, Re, Isis und Maat Gedankenkonzepte, die von den
Ägyptern auf dieselbe Weise entdeckt wurden, wie Odin sie mit
den Runen im germanischen Raum fand, und die anschließend
von den Ägyptern zu Gottheiten personifiziert wurden? Oder gab
es diese ägyptischen Götter wirklich und haben diese in einer
vergangenen Zeit die Erde besucht, um den Menschen Kultur und
Sprache zu geben, bevor sie sich wieder in den Himmel begaben?
Also Außerirdische waren? Als nächstes befassen wir uns deshalb
mit dem ägyptischen Gott Thot, der nach der Überlieferung Sprache und Schrift geschaffen hat.

Der ägyptische Gott Thot als Schöpfer der Hieroglyphen

Thot ist wird unter anderem als Ibis dargestellt. Der Ibis ist ein Schreitvogel, er hat einen sichelförmigen Schnabel und lebt am Rande von Gewässern. Die folgende Hieroglyphe zeigt letzteres mit der Spiegelung der Beine des Vogels auf der Wasseroberfläche.

Thot gilt als Gott der Wissenschaft, des Kalenders und als Erfinder der Sprache und der Schrift. Das Wort "Thot" lautet wie unser deutsches Wort "tot" oder "Tod". Im Wörterverzeichnis neuhochdeutscher Wörter haben wir das Wort Tod in "T-Od" oder "zu Odin" getrennt, da die Menschen nach dem Tode zu Odin oder zu Gott heimkehren. Auch das ägyptische "Thot" kann auf diese Weise getrennt werden und weist dann Bezüge zu Odin auf. Interessant ist, daß sowohl Thot wie Odin als Erfinder der Sprache und Schrift gelten und deshalb früher möglicherweise identische Gottheiten waren. Bemerkenswert auch, daß Thot Protokollant oder Schreiber beim Totengericht ist. Er weist dadurch direkte Bezüge zu dem deutschen Wort Tod auf, das ja auch ein Hauptwort ist und personifiziert werden kann als der Tod als Sensenmann. Es gibt den ägyptischen Gott Thot auch in anderen Schreibweisen: Thoth, Tehut, Tahuti, Djehuti. Wir ersehen hieraus, daß über die Vokale nichts und über die Konsonanten nicht alles bekannt ist. Bei Einfügung des Doppelvokals eu statt o entsteht das Wort Teut, welches in europäischen Sprachen Gott bedeutet. (Siehe hierzu Theo, Dios, Teutates und ähnliche.) Bei der Mythe um Odin als Finder der Runen und der Geschichte des Gottes Thot als Schöpfer von Sprache und Schrift könnte es sich demnach um eine uralte Überlieferung desselben Ursprungs handeln, die auf einer wahren Begebenheit beruht.

Der ägyptische Gott Thot, rechts der Name in Hieroglyphen.

Die Grammatik im Altägyptischen

Ich behandele die altägyptische Grammatik hier nur in eingeschränktem Umfang auf Hinweise auf eine gemeinsame naturgesetzlich aufgebaute Ursprache. Eine umfassende Untersuchung der Hieroglyphen und der altägyptischen Grammatik würde den Rahmen dieses Buches sprengen und bleibt speziellen Sachbüchern zum Thema Hieroglyphen vorbehalten.

Das grammatische Geschlecht

Das grammatische Geschlecht im Altägyptischen wird gebildet, indem man an weibliche Hauptwörter ein t anhängt, womit sie sich von männlichen Hauptwörtern, die ohne t am Ende geschrieben werden, unterscheiden. Die Bildung von Hauptwörtern durch einen Artikel "t" oder "d" am Ende des Wortes gibt es auch im Deutschen, wie ich im Kapitel "Die Entwicklung der deutschen Grammatik" bei den Hauptwörtern "Macht", "Schuld" und "Magd" aufgezeigt habe. Bemerkenswert ist, daß der altägyptische bestimmte weibliche Artikel t dem altdeutsch/schwäbischen weiblichen bestimmten Artikel t oder d entspricht.

Die Personalpronomen

Es gibt im Altägyptischen ebenso Personalpronomen wie im modernen Deutschen: i (ich), k (du), f (er), s (sie). Diese werden als Suffixe hinter dem vorhergehenden Wort geschrieben oder gesprochen. Die Vokale der genannten Pronomen i, k, f und s sind nicht bekannt. Möglicherweise handelt es sich bei diesen Pronomen um Wörter ganz ohne Vokale. Das altägyptische i gilt übrigens nicht als Vokal und wird deshalb in der Umschrift zu j. Wir schauen uns diese Wörter nun an und stellen fest: Das altägyptische Personalpronomen in der 1. Person Singular "i" lautet gleich wie das schwäbische "i". Es entspricht deshalb dem Bedeutungsgehalt und dem Lautwert der Rune Isa und ist somit eindeutig naturgesetzlichen Ursprungs. Das Bild oder Zeichen der Hieroglyphe mit dem Lautwert i ist kein senkrechter Strich oder Eiszapfen wie bei Isa, sondern ein Schilfblatt. Es weist damit jedoch eine gewisse zeichnerische Ähnlichkeit mit der Rune Isa auf, wobei zu beachten ist, daß es im alten Ägypten auch kaum Eiszapfen geben konnte.

Gleich wie im Altdeutschen/Schwäbischen ist auch das weibliche Personalpronomen in der 3. Person Singular "s", welches im Schwäbischen "se", (betont "sui"), mit einem stark verkürzten dem s folgendem e gesprochen wird.

Die Adjektive

Adjektive werden im Altägyptischen gebildet, indem man an das Wort, das zum Adjektiv werden soll, ein i anhängt. Da dieses i augenscheinlich das schon besprochene Personalpronomen der 1. Person Singular "i" (ich) ist, entspricht die Bildung der Adjektive im Altägyptischen dem Deutschen, wo Adjektive ebenfalls durch Anhängen des Personalpronomens 1. Person Singular, nämlich "ig" (ich), gebildet werden.

Die Verben und die Zeitformen

Die Verben im Altägyptischen stehen im Infinitiv und werden mit den Personalpronomen als Suffixe verbunden. Das Verb im Infinitiv bedeutet im Altägyptischen im Allgemeinen die Gegenwart. Es kann aber auch die Zukunft bedeuten. Ob die Zukunft gemeint ist, muß in jedem Einzelfall aus dem jeweiligen Gesamtzusammenhang bzw. dem Kontext geschlossen werden.

Zur Bildung der Vergangenheit wird den Infinitivformen ein n angehängt. Altägyptisch unterscheidet sich somit von der besprochenen Protosprache oder dem Altdeutschen, wo die Vergangenheit mit einem vorgestellten" ge" oder "ga" und dem Hilfsverb "haben" gebildet wird.

Im Prinzip wird aber im Altägyptischen die Zeit auf dieselbe Weise gebildet wie in der in diesem Buch vorgestellten Ursprache oder dem Altdeutschen. Es gibt nur die Gegenwart und eine einfache Vergangenheit, die durch ein Prä- oder Suffix gebildet wird. Die Zukunft muß im Altägyptischen wie in der deutschen gesprochenen Sprache aus dem Satzzusammenhang geschlossen werden.

Schlußbemerkung

Ich habe in diesem Kapitel nachweisen können, daß das Altägyptische eine Lautzeichenschrift mit begrifflichen, den Lautwert erhellenden Bedeutungen gekannt hat, wie wir am Beispiel der Hieroglyphen Geier, Wachtelküken, Eule, Wasser, Hof, Korb und Kobra untersucht haben. Dazu gab es im Altägyptischen nachweislich die Urlaute Ma, Re, Is, Fa, Wa und Ga und auch eine Grammatik, die der frühen Grammatik der deutschen Sprache ähnlich ist. Weshalb ist das so und gibt es hier etwa Zusammenhänge? Nach der in diesem Buch aufgestellten Theorie der Naturgesetzlichkeit von Sprache und Schrift ergibt sich die Antwort von selbst. Wenn ein Laut in der Natur eine bestimmte Bedeutung bzw. einen spezifischen geistigen Inhalt hat, muß dies allgemein und für alle Sprachen gelten. Daneben sollte aber auch eine Frage nicht unbeachtet gelassen werden, die sich vielleicht mancher Leser in der Zwischenzeit schon gestellt haben mag: Haben Altägyptisch und Altdeutsch etwa einen gemeinsamen Ursprung in einer fernen Vergangenheit? Oder gab es in der Vergangenheit Berührungen zwischen den geographisch doch recht weit entfernten Germanen und den Ägyptern, die zu einem kulturellen Austausch führten? Wir wissen es nicht.

Wir sind mit der Beantwortung der Frage nach Ort und Zeitpunkt der Entstehung der deutschen Sprache ein wenig voran gekommen. Durch die Auffindung der aus den germanischen Runen gebildeten Urlaute bei altägyptischen Ortsnamen haben wir nämlich eine erste Möglichkeit, eine Altersbestimmung des Deutschen vorzunehmen: Der Pharao Sahure, der die Basis Safaga gründete, regierte von 2490 bis 2475 vor Christus. Da der Name Safaga - wie sich aus seiner Bedeutung ergibt - aus der Gründungszeit dieses Ortes stammt, müssen die Urlaute im dritten Jahrtausend vor Christus in Afrika im Gebrauch gewesen sein. Es wäre verfrüht, hieraus eine definitive Aussage über Ort und Zeitpunkt der Entstehung der deutschen Sprache zu treffen. Jeder Leser möge vorerst aus den vorliegenden Tatsachen seine eigenen Schlüsse ziehen.

Abkürzungen

aengl.	altenglisch
ahd.	althochdeutsch
aisl.	altisländisch
altd..	altdeutsch
awest.	awestisch
franz.	französisch
germ.	germanisch
got.	gotisch
griech	griechisch
idg.	indogermanisch
it.	italienisch
kirchenlat.	kirchenlatein
lat.	lateinisch
mdal.	mundartlich
mnd.	mittelniederdeutsch
mpers.	mittelpersisch
niederl.	niederländisch
nhd.	neuhochdeutsch
poln.	polnisch
schwed.	schwedisch
slaw.	slawisch
span.	spanisch
sw.	schwäbisch

Bibliographie

Antiqua Taschenbibel
    1972 Württembergische Verlagsanstalt
Die Edda, Götter- und Heldenlieder der Germanen
    1962 Manesse Verlag, Zürich
Die Edda, Götter- und Heldenlieder der Germanen
    1987 Phaidon Verlag Essen
Drosdowski, Günther
    1974 Duden, Fremdwörterbuch
    1989 Duden, Herkunftswörterbuch
Evangelisches Kirchengesangbuch
    1953 Verlag des Gesangbuchs und Choralbuchs für die
    Evangelische Landeskirche Württemberg
Ritter-Schaumburg, Heinz
    1990 Die Kraft der Sprache, Herbig
Tacitus
    1971 Germania, Philipp Reclam Jun., Stuttgart
Thorsson, Edred
    1992 Handbuch der Runen-Magie, Urania-Verlag
Tegtmeier, Ralph
    1991 Zauber der Runen, Goldmann Verlag
Zauzich, Karl-Theodor
    1980 Hieroglyphen ohne Geheimnis, Philipp von Zabern,
    Mainz

Bildquellennachweis

Götterbilder Seite 158, 160, 164, 166: www.selket.de.
Rechte an den übrigen Abbildungen und Titelfoto: die Autorin.